教壞細路

荒島校長的教育筆記

陳兆焯 著

教壞細路——荒島校長的教育筆記

作者／陳兆焯
總編輯／馬鎮梅
責任編輯／伍詠慈
美術設計／劉碧雲
出版發行／突破出版社
香港沙田亞公角山路 33 號突破青年村
電話：2632 0000　傳真：2632 0388
電郵：breakthrough@breakthrough.org.hk
網址：http://www.breakthrough.org.hk
http://www.btproduct.com
承印／陽光印刷製本廠
2012 年 4 月初版 1 刷
2012 年 6 月初版 2 刷

Who Taught the Teens Wrong? The Zheng Sheng Experience
by Chan Siu-cheuk
First Printing, First Edition, April 2012
Second Printing, First Edition, June 2012

ISBN 978-988-8073-56-6

本書經文取自《新標點和合本》，版權為香港聖經公會所有，承蒙允准採用，特此鳴謝。

誠邀閣下就突破出版社的書籍發表意見。
請登上 www.btproduct.com/book，在「讀者回應卡」頁面內填寫。謝謝。

歡迎加入突破書籍 Facebook — http://www.facebook.com/btbooks

本書採用環保油墨印刷

栽培新一代

年輕的心　驛動卻美麗

認識　貼近

關愛　同行

建造新一代更動人的生命

目錄

不但要生存 還要學生活

不只教知識 也要教做人

不是他學壞 是我們教壞

不只講道理 更要講關係

不只光花錢 更要花時間

自序：**假如我是名校校長**

我自 1985 年投身教育工作，從沒想過要當校長，更別說要當「名校」校長。1998 年，基督教正生書院創立，我當上校長。2009 年，正生會及正生書院申請使用空置的梅窩南約中學校舍，全港關注，正生書院驟成「名」校，此後有人稱呼我為「名」校校長。

「名」校和「名校」都是知名學校，但名聲不同。「名」校是因發生了事故，人們心存好奇，很想細看它、了解它，探視它的底蘊；而「名校」則是因歷史悠久、學生品學兼優等而馳名，許多人即使不曾踏足，認識不深，仍會對它心存尊敬和仰慕，若有子女，就設法把他們送進去。

我很榮幸當上一所「名」校的校長。很多人最初只為好奇而來正生，在深入認識後，對我校不再感到神祕，卻仍以各種渠道，持之以恆地支持我們，我為此心存感恩。這些人的支持給我們很大的鼓舞，他們不是為了「名」，而是見到「實」——就是師生用真實生活和教育實踐信仰，本書就是這些事實的鋪陳。

假如有一天，正生書院真的由「名」校搖身一變成「名校」，我仍不會改變我校的教育理念。這所學校之所以著名，是因為它在實踐真正的生命教育。我認為有效的學習不是知識灌輸，而是建基於經驗。可是，在考試的前提下，香港的學校和家長大都只看重「知」性培育，人格培養則像個「花瓶」擺設；大家不斷提高學生的記憶和背誦能力，卻鮮於關心這些知識能否讓學生獨立思考和體驗生活。通識科和公民及德育科都會訓練理性思辨，指出特首或公職人員不應接受利益輸送；但因這知識無法實踐，人在真實處境中會做出相違背的事。在正生書院的真實處境，學生要在廚房內為同學做飯，他試菜時應吃一隻雞翼，還是再吃第二、第三隻？我校就是將學生放生活場景中，讓他們學會誠實的操守。就算正生有日成為「名校」，我們仍會堅持這種貼近生活的教育方式。

本書不是要述說正生的成功，而是如實記載我們為生命教育的努力和嘗試，與讀者討論在教育實踐上一點點取捨和持守。希望讀者能給予我們正面的回應，包括坦白批評、愛心提醒和積極鼓勵。

陳兆焯

基督教正生書院校長

二零一二年三月

本書文章曾在《AM730》專欄內刊登，特此鳴謝。

不但要

生存，

還要學

生活

教育要由下而上

都市講求設計，每件事物的設置都經規劃：有制度、有計劃、有強烈的意識形態，易於管理，這是一種「由上而下」的管理方式。當一切規劃都安排妥當，就可以好好管治。香港政府素來相信管理文化的，教育局也是採取「由上而下」的辦學理念，只看重「硬件」建構，例如：校舍、設備、師資、撥款、管理、配套、支援、監管，以為搞好這些，教育就好了。

這種功能為本的教育方式，容易忽略照顧有個別差異的人，忽略人性需要。教育是人的工程，需要一種逆轉思維：「由下而上」—— 學校回應學生的需要，老師照顧個別差異，按學生的情況施教。

正生開辦學校時就是始於一個一個「由下而上」的訴求，回應無數失學青少年想回頭的一句心底話，是對社會的控訴，也是對自己的責備：「請給我一個機會，讓我證明自己能不能成功！」

這訴求本身充滿了生命、活力、血肉、氣魄和能量。

嚴格來說，正生初時並沒有什麼辦學的必勝板斧，只是我們每一個老師都願意全心全意回應學生的訴求。我們的板斧是在於老師們的上下一心，無私奉獻，他們全心全意為學生。譬如最初當我們面對不同程度的學生，會派發不同年級的暑期習作給他們，以照顧和分辨學習程度的差異，然後再按需要施教，好處是有彈性，快速回應需要。雖然這種做法成本高、麻煩、沒有先例，卻是最能照顧個別差異，可容納空間，讓學生按情況接受適切的教育。

不跑數

有句港式粵語叫「跑數」，意謂從業員要定時達到某個業績指標，打工仔視這要求為合理，只要不「篤數」（造假帳）便可。跑數是典型由上而下的管理模式，要發揮人的力量去配合上層定下的發展方向，以制度和「管方」心意為本，而非以「人」為本。在追求高效率、功能、快速、生產力的價值觀裏，能收立竿見影之效。

近年，跑數模式已由商界蔓延至一些以人為本的機構和界別，如教育、社福、醫療、教會、非牟利機構……在跑數壓力下，校長要各出奇謀招生免被「殺校」；社工要每月交數，或會把某些求助個案押到下個月，把應即時結束的個案拖慢一下；慈善團體為了獲得多些捐款，會彼此重複發展某些熱門項目，而冷落了受忽視的社會界別；教會為了營造熱心氣氛，會鼓吹擴堂增長，超越信徒可以貢獻的能力……

跑數當然是「生存」問題的另一面，也是香港爭競文化的產物。對人的服務若單以數據為本，便容易迷失方向。不少學校創校時很有理想，教育人士也很有理想，但當數字成為生存目的，如學校排名、入大學人數、公開試中摘A總和等，就會把持不住，以致迷失。其實學校如何逃出跑數的陰影？這要看學校的定位。譬如正生不受政府一筆過撥款，自給自足，加上老師薪酬低，我們沒有定下每月收生數目，不設戒毒人數下限，沒有設法去增加人數，一切順其自然：收生多少，按同工的承受能力決定，只有這樣才能讓同工專心和專業地輔導學生。我們只要求同工盡力而為，沒有向他們由上而下頒下指標，也沒要求同工交工作報告，只管信任和給予空間，免得老師掛心追求成績，缺少時間與學生相處。又如香港一所著名學校，他們以收貧困學生為目標，當然這對學校經費構成壓力，但一旦決定了定位，就努力尋找生存方式，例如找人支持經費，總之絕不為生存而改變核心價值。

教育不能量化

在香港這種重視器物發展的城市，總愛看數量化的成績。以前只注重知識（智）教育，今天加上品德（德）、體能（體）和羣體（羣）訓練，合成四育。量化思路跟填鴨式教育一樣，只會走進死胡同，甲看到德、智、體、羣不夠，要加上美育（美術），乙要加上樂育（音樂），丙要加上靈育（宗教靈性），四育可以變成七育、八育，隨着人類知識領域不斷擴大，將來或須要進一步加上情商、逆商、財商、創意、電腦、公民、環保、軍訓等不同形式的教育。這實在是把推銷的評估方式套用到教學之上，更極致的表現是有些學校在每次公開試後，校長都會召集老師開會，承諾下年取得優異成績的學生數目。

為什麼我們會接收了這種方式？只因世界強國美國就是奉行這種模式，美國在物質世界有很多可見的成就，大家都把它奉行的一套照搬套用。但做人、生命的工作本身可以憑功能化、專業化、管理化來量度嗎？量化背後可能是管方對下屬的不信任，要透過量來測試效果和功績。但我們有否想過最終可能犧牲了校長與老師、老師與學生之間的關係、信任，和學生學習的主動性？

人是有情緒而多變的，為回應不同情況，我們必須突破量化的限制。有一次，老師教不完課程，感到內疚來找我，以為自己「教不完書」很無用，他以功能來評估自己。我安慰他，只要學生學會，考試時他答懂得的題目就很好。我們不只「教書」，也是要「教育」。老師願意進來正生，這犧牲已是一種教育的示範。愛的教育是最好的教育。

只有一個第一名

最後一屆中學會考在2011年8月初放榜，家長為子女「撲」學校，成績好的要找更好的學校，成績差的也要找會接收子女的學校，晴晴雨雨，苦不堪言，連以往乏人問津的毅進課程也出現數千人龍申請。

有記者訪問過一些香港領袖，做了調查，發現他們很多都並非名校出身，多是在外國讀書；至於以往的十優狀元，現在更是蹤迹杳然。有時撲學校的家長本身毫無方向，看見什麼科目在香港吃香，便着子女去讀。我觀察到的是，不少成績好的學生都爭入名校，但入學後竟遭挫折，因為全級只能有一個第一名，大部分過往考第一的同學都不會穩守第一的名次，如果學校僅以成績為勝敗的標準，他們注定失敗，要是學校不斷製造失敗者，這情況下同學怎不無心向學？

家長和教育界一邊說求學不是求分數，一邊又要求學生在考試取高分、要入名校，究竟家長有沒有理性地分析自己子女的興趣和能力？

有人說達文西之所以有成就，就是因他沒上學，所有時間都在後花園研究大自然和在地庫解剖屍體。我相信成績不是最重要，每個人都有不同的專長，不應盲目讀書，而是要發掘自己的興趣。人最缺乏的是機會，有合適的機會學生就可以好好成長。學校就是要提供機會，讓更多年輕人可以找尋和發掘自己的潛能。

校長，尤其是名校校長，更要抗衡這種文化，不要屈服於社會的排名次，別只要求學生死命讀書，他們自會發奮，要給年輕人更多生命鍛煉的機會。

活化副學士制

2011 年夏天我看了一部電影《來佬奇緣》，故事講述一位男士因沒有學位而遭解僱，百無聊賴，便往社區學院（community college）進修。他修讀的第一科是「表達能力」，提升說話技巧，再戰江湖。外國有很多中學畢業生並不喜歡直升大學，反而先出來打工，或未唸完大學便退學，追尋理想（如喬布斯、蓋茨）。日後他們若仍想升讀大學，會在公餘於社區學院唸一兩年。社區學院提供靈活學分制及多樣化的科目供修讀，學費較便宜，時間地點任君選擇，修滿所需學分就可以轉往心儀大學，大學亦會承認這些學分。

這些學生背景多樣，有在職人士、退休的、半工讀生、轉校專科生……例如有人想在大學修音樂，可先在社區學院修畢非核心學分，如語文、歷史、文化，然後就可以升大學。社區學院填入正規教育的空隙之中，彌補主流教育體系的不足。香港較相近的系統則是公開大學，雖可供社會人士報讀，不過仍以文史哲為主，少有多元化的科目。

這種在外國十分普及的社區學院也是香港副學士制度的借鑒，副學士（associate degree）推行至今剛十一年，原意是供考不上大學的學生多開一條路，藉兩年銜接課程繼續升學或另覓出路。然而香港的副學士課程是固定兩年制，以「固定課程」為本，與它本意的「自由學習」，不可同日而語。

這種做法使一個原本彈性的制度變成僵化的學制。副學士變成進大學的救生圈，報讀的學生目的多指向大學。通往大學只有一道很狹窄的橋，橋下就是社會大海。所有學生都往橋上擠，成績好的順利進去，成績差的人紛紛掉下來。報讀副學士的，是幸運地抓到救生圈，努力游向大學。可是仍有大部分人從橋上被擠下來，被迫投身社會。香港學制問題不在副學士，而在學制的僵化，欠缺自由選擇的學習空間，教育當局可有決心把它搞活過來。

考試列車不停站

2009 年香港實施三三四新高中學制，即三年初中、三年高中、四年大學。在五二三舊制下，學生唸完中五要參加會考，再唸兩年預科就考高考，然後進大學。新制原意是減少考試，增加選科自由，可是現在學生又進入了另一個不停考試的惡性循環。

因為中五取消了公開試，所以有學校在 2011 學年中六開課不久，便在 10 月為學生舉行聯合模擬考試，重溫中四五的課程。12 月至 1 月間正式考校內模擬試，1 至 2 月考考評局的模擬考試，4 至 5 月考大學入學試，結果學生全年都在考試。本想把學生從考試釋放出來的制度，反而學習時間少了，考試增多了。有些學校想讓學生多一條出國留學的路，還要多考一個 GCSE（General Certificate of Secondary Education）。為了補課，暑假所有活動取消，整個中六學年就是不停地考試。

為了選中科目，有些中四學生要讀十多科，像漁翁撒網，看看哪些科目讀得較好，再挑選成績優秀的六、七科。因為堂次不足，便在星期六回校補修藝術或體育等「閒」科，試問數小時的「強補」，又怎能培養學生的藝術情懷？

大部分家長都認為要暫停學習來應付考試，學生甚至接受了這種以考試為主的生活方式，沒有開心不開心，顯得麻木。這種功利的做法，全個社會、學生、學校、教師、家長都被操控得無法選擇。

香港學生好像「被登上」一列考試的高鐵火車，高速前進不停站，家長、老師、學校、考評局、教育局似乎都應該想一想，我們為下一代營造這麼巨大沉重的考試「動量」(momentum)，值得嗎？想一想我們的孩子將來會成為怎麼樣的人？

要考試，也要生活

若訪問新高中的第一屆中六同學，相信很多人對中六的回憶就是考試、考試和考試，無論社會、教育當局乃至學校，都視學業成績為頭等大事。其實人生有很多與求學一樣重要（甚至更重要）的事，我們來算一算，會發現求學不過佔人生五分一的時間，甚至更少。

正生書院有二十位同學正在唸中六，2012 年 4 月將與四百多間中學的同學一起參加香港第一屆中學文憑考試。我們用什麼策略應試？一切如常。過去幾個月，中六同學每天照常上課、工作、遊戲、做家務、照顧別人、參加活動、練習比賽。有時一星期有多種活動，如學界精英乒乓球賽、籃球賽、合唱團、影音訓練及製作、越野長跑、馬拉松比賽，同學每天都開開心心學習，快快樂樂活動。他們的時間表跟其他班級沒有分別。

同學都得明白：考試是重要的，但生活同樣重要。不少家長聽見考試即如臨大敵，取消子女一切活動來應付，把生活完全擱置。家長以為考完試才去生活，結果把生活犧牲了。有家長告訴我，當孩子考公開試那年，學業以外的事一概不管，但孩子只拿了零分；可是正生同學照顧自己又要照顧他人，竟考獲十多分。事實上，考試和生活不能割裂，割裂了只會帶來不真實感，學生長大後，便不懂得踏實地做人和做事。每一天都是生活，每一天都在考試，這樣，人生才能活得精彩，考得實在。

學習應由相處和生活開始，不要只作知識的傳遞，而忽略了人與人之間的互動。

你要升班嗎？

9 月應該是家長最緊張的一個月份，開學了，子女的人生階梯又向上攀升一級，十二年免費教育又少一年。在現有制度下，甚少家長會每年問孩子：「你想不想升班？」似乎人人都假設所有學生都要像坐直升機一般年年升班，不可留班。難怪今天一般學生並不覺得十二年教育對自己有什麼「意義」，不過是大人要他們不斷升學而已。

我校的升班制度，是每年都要學生回答：「你想不想升班？」想升班的同學得向校方申請並接受面試。我們預算會有一些同學不想升班，或選擇離校。學校以升班試考驗同學的心志，也處理他們求學的心態。我們每年問，是要學生自行決定，對自己負責。讓學生在「向上攀升」的階梯上，每一步都出於「自發」，這就是教育一部分。成功的祕訣乃是上進心，有心才有力，上進心必須出於自發，而不是接受別人妥當的安排。至於那些定意不想升班的學生，多是出於個人原因，例如自卑、沒信心或無心向學等，既然校方在兩年輔導期內，已為他們打下基本學業基礎，不致將來被社會邊緣化，便由他們離校。

有次一名學生應考中三的升班試，數學得零分，老師爭論是否讓他升班，有老師認為要升，不過是一科不及格而已。有老師認為主科不及格不應升。最終我讓他升班（在我校升班後可以降班）。雖然有老師不高興，但這學生後來在數學科考試中得高分。原來他以前感到老師看扁他，於是沒有答卷，結果就得了零分。但升班後，他用心去做，就考取了高分。

升班不單單是個制度，而是一次處理學生想法、心態、動機的機會。不用擔心學校的水平因學生升降班而受影響，只要學生可以成長，有所學，才是最重要。人的成長是從困難及選擇中得來的。

要補課嗎？

香港學校有一種慣常做法 —— 補課。教育當局定下了課程大綱，每年教什麼、教多少，公開考試會依課程大綱擬題。可是或因學生資質參差，或因客觀因素，學期末老師總會有些課教不完，一般解決辦法是補課 —— 留堂或暑假回校上課，教師務要把全部課程教完。所以，補課是為應付考試，未必符合學生學習的真正需要。

老師初來正生時很不習慣，因備好課卻沒有學生來上堂；又或學生不為老師的付出而感激，遲交習作，老師想罰他們，他們又不在校（校方安排了他們出外作賽或工作），更有人上課期間發脾氣，不顧而去，甚至有學生身體狀況不如理想而曠課。老師由起初萬事都要求盡在掌握，到後來明白到能正常上課已是恩典。若老師想學生追上進度，乾脆利用留宿時間，在學生休息時、娛樂時作全天候教導，我以往也是這樣教學的。

全天候教學並不是為補課，正生不補課，因我們認為教「完」課程不是我們惟一目的，教好一個「人」才最重要。學校不補「課」，只補「人」。例如一班十個學生應教十課書，如果只教了七課，怎麼辦？那就在生活中設法為那些有困難的學生彌補不足。教學不應以課程為本，而是以人為本，因材施教。老師會私下幫那些基礎高的學生學好這一課，至於基礎低的學生，他們的真正需要不是多上幾節課、多聽幾堂書，而是多得到老師的關心、鼓勵和輔導，建立自信心，增加學習能力，或是改進學習方法。一個人成熟了，他的學習自然也「成」了。有人或會質疑，老師會不會故意放慢教學步伐而偷懶？我校的大前提是信任老師，我們相信所有老師都會盡心教，學生也會盡心學。

通識與反省

香港考試及評核局指香港學生缺乏常識，把發明家愛迪生誤作童話家安徒生，把孔子所謂「狂者」（創新者）視作恐怖分子，局方歸咎年輕人玩意太多，無心讀書。學校增設通識科，使一向不受重視的人文知識（如音樂、藝術、體育、文化）吃香了。通識教育是好事，但若目標不明確，也不一定收到好效果。通識的目標是讓學生把知識融會貫通，就像外國有些大學，會開設一些必修科目幫助學生打通不同知識的脈絡。

但今天香港的通識卻失去了科目基礎，只停留於量的層面——學生學習不同的思考方法、參加一系列活動、在互聯網上搜集資料……結果可能會適得其反。

現在主流的方向是人要「通識」，彷彿從前的專門知識很狹窄，其實專門知識內有許多元素，只要老師懂得那些科目的內涵和精神，反而更能好好運用該科目，擴闊同學的知識面。

令情況更困難的是，通識多由非主修老師任教，他們多是在「殺科」後被委派教通識，失去了本科的熱心熱情，無法感染同學的學習。例如讀物理出身的老師轉為教通識，就會失去本科的思考方式和做學問的方法，學生未必得益。

「缺乏」知識不一定因為沒有「接觸」過新事物，一個成年人一生中看過、聽過、學過、接觸過、經歷過無數新事物，但其中不一定都有「知識」。知多少不單取決於接觸多少事物，更在於「思考」。孔子說:「學而不思則罔，思而不學則殆」。思考是活的，資訊是死的，通識教育要看人的思考是不是好奇、活潑、殷勤和有力。知識狹隘的人大多都有一種思維「惰性」，對新鮮事物不感興趣，古人說四體不勤，五穀不分，指有些人連所吃的也不去分辨，其人的惰性無可救藥！

我相信通識教育最重要的，是要學生學會不斷「反省」，反省是一種深度的思維，在無形之中培養學生的思考能力。

一加一的算術

正生書院一年到晚都有新生入學，每個學生的程度和能力都不同，一般授課方式很難適用於本校。能力高的學生，很快便能理解、掌握、發揮、運用各種原理，但我們不能要求所有學生都具備同樣的理解和應用能力。

在數學方面，本校採用「曦咏課程」。這課程有兩個特點：由淺入深和不斷重複各種相似的練習。初時每個練習的形式和內容差距不大，從簡單的四則算術開始，逐步達到較複雜的水平，直到學生充分掌握某種數學原理為止。通常前一個練習和後一個練習，總有九成相似。學生只要有耐性，加上老師的提示，就能夠掌握不同練習的差別。這種自學為本的教學，讓每個學生都能夠因應自己的程度，循序漸進地學習，建立自信，倒過來亦有助老師因材施教。

有學生認為初期的練習太淺，好像浪費時間；重複練習也會使學生失去興趣。其實反過來説，很多事情的壞處正是它的好處。年輕人學習，正需要做些看似不合喜好的重複練習，以培養耐性，而不能只求迎合年輕人的口味。今天社會步伐急促，人人急於找到正確答案，其實在正常學習中，培養耐性十分重要。

有一位女生初入學時頗算聰穎，當要她由一加一的習題做起，還要不時重複一些淺易的題目，她開始時很不屑，但經老師批改後，才領悟自己不對。原來她連顯淺的題目也會出錯，不是不懂，而是粗心大意。她因此加深了對自己的認識。

重複練習也給她人格訓練的學習，培養耐性，控制情緒。數學教材的重複練習並不是無謂的重複，只要是經過精心安排的——讓學生在重複中看到自己的盲點，以發現竅門，逐步掌握關鍵技巧。好比砌積木，最基本的板塊最重要。那些最基本的技術，也要不斷重複應用在最繁複的結構中，才會熟能生巧。

宗教＝洗腦？

正生書院和其他有宗教背景的學校一樣，會向學生提供宗教教育，在術科以外，安排一些具有宗教特色的活動，如靈修、見證、分享、交流和禱告。非宗教人士或會問，這是不是藉宗教「洗腦」以收教育之效？

我們視宗教活動為信念的表達，是校方對某種價值觀之肯定。人與人是互動的，有所交流，有所肯定，就會產生某種影響，我們有些同學會受到老師「感化」成為基督徒，但同學的選擇完全出於自決，並非透過信息轟炸達到目的。

感化和洗腦不同。例如有些學生接受了三四年宗教熏陶，畢業時公開表態不信基督，並沒有受到羣眾壓力。我們不會對沒有信仰的同學施以直接或間接的利誘。我們更不會一面倒宣揚宗教，有時反而會對一些不成熟的熱心「潑冷水」，例如勸決志信耶穌的同學要想清楚，因為作基督徒須付上終身的代價。有人以為基督教學校，轉介學生或畢業生返教會是為了傳教，而忽略了「教會生活」本身，正是融入羣體的有效方法。宗教的大同精神，通常都能幫助年輕人逐步尋回定位，建立身分，也給他們一個支持網絡。所以我們鼓勵畢業生，初時什麼聚會和活動也嘗試參與，例如主日學、祈禱會、詩班、團契、崇拜，儘量認識不同的朋友；因為在交誼中，你選擇別人，別人同時也在選擇你，認識朋友愈多，便不容易被人看作異類。

戒毒所畢業生要融入教會絕非一帆風順，在教會中容易被誤解，甚至被人冤屈，與普通社交無異。但我們教導畢業生無論面對什麼事情都要學習祈禱交託，如果被人誤解，更要學習忍耐。我常引述蕭智剛（戒毒康復者，現任基甸事工總監）的例子，他初返教會便被人誤會躲在廁所吸煙，他很氣憤，想從此離開；但祈禱後決定留下，其後終於真相大白。

我們不鼓勵學生以「沉醉」宗教代替「沉溺」毒品，更不會催促戒毒者接受洗禮，或唸神學，因為我們看重的是全人「身心」康復，而不是宗教狂熱。

改變不留痕

一般學校都會成立舊生會，其意義除了建立人脈關係，是要舊生藉着各種正面成長經歷的回憶，互相策勵。但正生書院不設立舊生會，避免戒毒者借小圈子的團契生活，作為逃避現實的安舒區，不願返回現實生活。

此外，不設舊生會還有另一層意義。我們的校訓是「悔改歸正，出死入生」，要幫助那些曾走歪路的少年人改過自新，重新做人。有諸內，形於外，真正的生命改變可能是不留痕迹的。學生的正面成長經歷，是裏面的人更換了，健康的胎盤長成健康的嬰兒，健康的骨頭長出健康的筋肉，迎向新生。自然而具體的做法是，變好了的同學，即使忘記母校，或者因為思想進步而不認同母校，我們也以平常心看待，甚至看這是一種徹底和健康的改變，他們改好了已代表我校教育理念的成功。

古哲說，「吾愛吾師，吾更愛真理」，意思就是，我雖然敬愛自己的老師，但我以追求人生真理為更大的目標。生命長成是獨立的、終生的。愛不是要擁有，而是讓對方自由。正生的教育理念不是凝聚，而是差遣。畢業學生如果懷念正生，感恩於正生，自會選擇適合他們的表達方式。

我們的畢業生都很懷念正生，常作見證。但也有畢業生闖出了成功之路，不想別人知道自己曾經要戒毒。只要他們轉好，這是美好的轉變，我們尊重生命的獨立成長，不會模造某種羣體生活的模式。

「第二次」的機會

在舊制五年中學，畢業生須先唸預科才能考大學，過去正生畢業生曾入讀不同的中學，例如匯基書院的預科班。匯基書院接收正生學生，是因為校方每年預留了少數學位給「機會」較低的社羣，如新移民、有特別學習需要的人，但這機會不是白白給予，而是不同的機構、市民及老師等與他們同行了一段時間，他們才可以在學校開始新的一頁。

我校一位年輕人豪仔，2011 年參加全港最後一次中五會考，全科合格，獲七分，匯基書院接受他重讀新高中中四，讓他有機會重返主流中學，將來或可升讀大學。在這一年，匯基師長見豪仔在校內勤奮上進，特別賞識他，推薦他參加一個計劃，就是從全港五十多間學校中獲選成為十一名中學生代表之一，參加野外長征探索北極之旅，到北極「上課」十八天。考察當地生態環境，體驗極地力量，返港後負起宣傳環境保育的責任。這是很多中學生渴求的經歷，對豪仔來說，更是人生的新里程。

匯基書院陳友志校長説，正生學生最大特點是較為成熟、刻苦、專注，他們珍惜自己所得的「第二次」機會，一味用功，很少談自己，表現低調，有時連同班同學也不知道他們來自正生。但彼此熟悉後，那些在平常家庭，自小平穩成長的學生，都會受到正生學生感染，更加珍惜當下，更加積極向上。

從學生「質素」看，包括學業和體能，豪仔獲選是值得慶賀及感恩的。但從人生階段看，匯基「賞識」豪仔，對這年輕人日後的發展舉足輕重；校方知道豪仔有志氣，並為此付出加倍努力，便願意接納他，用愛心包容他、鼓勵他，給他機會，是成長中青少年格外需要的。這樣的校長及老師是我們的榜樣，這種接納和包容也是香港教育需要的。我真希望匯基這種給機會予年輕人的精神，能夠感化香港社會。

殺校的危機

一次基督教學校校長退修會上，一位資深教育工作者忽然輕歎：「今日的基督教學校，最大目的是為了生存。」當場一羣校長都沉默下來。這前輩正道出了現今基督教學校，甚至不少學校的處境，由從前本着宗教和教育理想辦學，轉向以生存成了最大目的。

2011 年 1 月北區有十四間學校聯署，一致決定於 2011-2012 新學年每校自願減收一班，他們解釋是全港中學生人口下降，減班是最有效舒緩因收生不足導致殺校的現象，預計減班後，可以令區內學校未來數年收生穩定，避免任何一間學校被殺。這似乎顯示北區學校有同舟共濟的精神，但若從家長或學生的角度考慮，兩間水平有高下之別的學校同步縮班，受歡迎的學校收生少了，變相剝奪了家長選擇較優質學校的權利。不過教育局解畫，既然競爭的學生少了，減少優質學校的班數並不會損害教學質素。可是學生和學校的資料全由當局掌握，究竟這種集體自願減班是否對家長的選擇權毫無影響，市民實在難分真假。

政府規定每間學校中一要有六十一名學生（大約三班），如未能達到標準，政府不會撥款資助學校（政府大約給每名學生四萬元的資助，部分用作聘請教師）。香港的人口下降，學生比率減少，學校未能收到足夠的學生，會導致撥款不足，學校便要面臨扣減人手津貼作抵銷，甚至停辦。所以「殺校」問題就是教育界的「生存」問題，教育工作者徬徨是可以理解的。2017 年適齡學童數量大量下跌，將會是殺校高峰，加上由正規學校轉讀國際學校的學童增多，學校更感頭痛。

因擔心收生不足，學校被迫以生存作為目標 —— 取悅家長、追求好成績、好校風成了單一標準，限制了學校的生存模式，使學校趨向「一式化」，對教育絕對是不利的。在這處境下，開辦新式學校，如籃球學校、工業學校，試辦新課程，如德文科等，也變得礙手礙腳了。

殘酷的殺校問題，又是否單單因為香港人口結構改變所致？我想到的是學校「一式化」造成的後果。香港絕大部分都是文法中學，只有簡單的文理、工藝二分法，未能照顧不同學生的情操和愛好。今天香港的學校由不同的辦學團體開設，有些團體的強項也不是辦學，然而開辦的卻是同一類中學。學生類型縱有不同，卻沒太多類型的學校可供選擇。無論學校與學生，也無法選擇自己可以走的路線。遇上香港整體社會適學人口減少，學校單一化的問題便突顯出來了。

教育不是知識的買賣，而是按着人的生活方式或特長去培育。

如果有一天

如果有一天，我校可以從荒島遷入正規校舍，我想為學生辦一所特色學校，我不是指職業學校、文法學校、藝術學校，而是情操（passion）學校，如籃球中學、電影中學、工藝中學、戒毒中學。

籃球中學、電影中學並非不用上課，終日打球、看電影，而是學校設計專業的跳舞、打波、運動等課程，讓學生在熱情中汲取知識。美國一些黑人家長，將小孩送進以籃球著名的學校，刻意訓練籃球技術，但同時接受普通教育，畢業後又可以銜接專上課程。

有人以為這會收窄了學生的知識面，即籃球學生只懂打籃球，什麼都不懂。其實籃球學校的畢業生，不一定要當球員，也可以從事其他與籃球相關的事業，如計分、球證、統計等。我相信知識貴在融會，所謂一理通百理明，籃球訓練只不過將籃球愛好者的知識由面化作點，然後歸於一。正如以往學徒跟師傅學剪髮，學的不只是技巧，也會學習師徒關係、待客之道、繼承行業傳統等。

學習有一種奇妙的特質：由專變博。例如學跳舞，可以學到協作、師徒關係；學籃球，可以讓學生領會紀律、公平、誠實、守規等情操，讓學生在成長學習中投入情操，將知識、技能與人格成長融合。在一般文法科目學習以外，能將「所愛」和「所學」融合為一。

真知識必須在熱情中追求，才能融會貫通，與生命結合，這才有助學生將來在社會作多元化發展。

我期望香港可以有更多特色學校，不同理念的團體各展所長，開辦自己擅長的課程供不同性向的學生入讀，雙方都可以找到嶄新而獨特的發展空間。

不只教知識，也要教做人

最重要的標籤

標籤本來是中性的，可以把事情簡單地分類識別，但當人把其他人標籤，以為這樣可以簡易處理問題，回應所有處境，就會把人非人化了。社會工作者經常提醒我們「標籤」是不好的。簡單地說，標籤是身分定型，帶有歧視意識，例如稱呼別人吸毒仔、吸毒女……可是事情也有一體兩面，標籤也可成為良好「標記」，例如「學生哥」、「學生妹」的稱號就是了。

身分認同對年輕人極為重要，有不少家庭背景良好的學生，就是為了追求身分認同而甘願與不良分子為伍，最終失去家庭學校的支援，被邊緣化而成為邊青。年輕人的「身分認同」不是灌輸得來的，「身分」由多種互動元素合成，你不能對邊青說一萬次「你是好學生」他便會相信，必須要引導他自發地「做出」好學生應做的事情、應有的行為，讓他產生「好學生」的自覺。

誤入歧途的邊青即使悔悟當初，也不容易回轉，他們並非意願或意志不足，而是屈從於社會的「定型」。青少年經歷失學、吸毒、犯事、受唾棄之後，學業追不上、正路找不着、身分失落，從此找不到人生的落腳點，好像以後都只能做邊緣人。

年輕人大部分時間留在學校，但犯罪、濫罪使他們失學，也就是失去學生身分，失落了年輕人應有權利，在最關鍵的人生階段（青少年期），被剝奪了正常「成長」的權利，失去了師長關愛、同輩深交、自我探索、自我肯定的成長過程，這一切失落都由「失學」二字開始。所謂「邊青」，心底都有一個對社會「不公平」的控訴，就是失落「身分」的控訴，他們或會對邊緣化的待遇認命。

少年人的心底都有一個願望，希望能夠「證明」自己，有成就被別人認同。對失學少年最有效的「治療」，不在安慰、輔導、活動、知識、技能、訓練……而是重獲失落了的「學生」身分，但身穿校服，手拿書本只是徒有學生「外表」，還欠一份素質，就是當事人能否融入一個真正容納自己的社區。

給他一個身分

身分有一種社會化的作用，賦予人以社會地位，也是為人定位。學校生活給年輕人一個學生身分，這是為年輕人冠名，使他們有身分、有權利去學習；也給了他們一些保護，讓他們知道要做什麼，何謂合乎身分的行為，有什麼行為是超出他們的身分。有些年輕人一旦出現違規行為，如濫藥，下一步便會輟學，因為他們所作的已僭越了學生的身分。

學生身分本是正面的，如在接受教育的階段，他們有學習的權利，也獲賦予成長和犯錯機會，社會人士待他們要正面、友善。但現在一般年輕人看待學生身分，就是不斷應付校內校外的考試、在某些商店可獲折扣、要參加學界比賽……是社會一種生存的方式。甚至不少中學生覺得這身分是負面的、束縛的、困擾的，因為這個身分而限制多多，不可工作不可結婚，要捱免費教育。甚至社會、學校有時視邊緣學生是洪水猛獸，擾亂社會秩序，所以把他們困在學校，以免外出搞事。這些對學生身分扭曲的觀念，實在非常可惜。

正生書院於 1998 年註冊成立學校，重新給予戒毒青年所失去的「學生」身分。正生教育很看重「學生」的身分，這羣年輕人從小到大，在學業成績、家庭關係、品格成長上都缺少成功經驗，人生充滿各種陰暗。我們多年來一直提供職業訓練和學術課程，老師積極幫助青少年找尋自己的身分，從危機青少年轉變成充滿機會的青少年。這是一種治療，給他們定下開創明天的起步點。

異「病」同治

中醫學有個說法：「同病異治，異病同治」，後一句話指中醫着眼於人體系統，不會單針對症候（徵狀）作治理，不是頭痛醫頭，腳痛醫腳。例如某人胃口不佳，經常便祕，手寒足冷，面浮臉腫，睡眠不熟，心緒不寧……是什麼病？若要逐一處方，恐怕每天服用百顆藥丸也不夠，但出色的大夫會透過望、聞、問、切，從中診斷出這可能是都市人常見的脾虛腎虧，即消化力和體液運行不佳，服幾種草藥，再加上作息指導，就可根治頑疾。

我不是要討論中西醫學的優劣，而是說明在現實世界，有些問題並非那麼複雜，只是人的思維和分析把事情複雜化，以致久久找不到答案。譬如青少年問題一籮筐，專家老將問題分類、將學生分類、將學校分類、將課程分類，總有沒完沒了的分析。然後學校、家長、教育局會針對該種問題，設計方案，再請家長簽承諾書去處理。表面程序完成了，其實只是將責任一層層的推出去。當局完成責任，但問題往往未見解決的曙光。實在是一種不理解人性，不嘗試查探問題底蘊的處理方式。

正生錄取了不少「問題」學生，我們以「常識」看問題，學生出問題，無論是大問題、小問題，如輟學、遊蕩、濫交、吸毒、積犯，都是因為他們在家庭、學校、社區得不到健全的人格培育。我們會用同一種方法處理，就是讓他們返回成長的原位，以帶着期望的愛心支持他們，重新調校和彌補他們在人格上的缺失。基督教信仰是引導人回歸「人的樣式」，就是神創造之初理想的生命，基督教教育也應依循這份信仰內涵努力實踐。

學做人的學校

正生不是一所「戒毒學校」(只為達到某種果效)，而是一間學習成為「人」的學校。由於我們是寄宿學校，所以成了一所全天候學校，師生每天每刻都在學習「做人」。正生的價值觀十分樸素，與中國傳統無異：人要自尊自信，不亢不卑，承擔責任，誠懇待人，凡事只求諸自己，不求諸別人。這些都是他們本應在家庭、學校和社區得到的鍛煉，可惜從前得不到或錯失了機會，現在於正生重新學習。

如何在學校「學做人」？例如：謙卑、愛心、忍耐等特質，學生未必知道是什麼，單憑口講也是空泛的，人必須經歷才能學會。校方把握每個生活細節給學生人格訓練、糾正，幫助他們建立健康正確的生活態度。

在生活上，學生要學習照顧自己，解決困難，自我反省，面對現實，面對家庭，面對社會。學生若有壞習慣，例如臭脾氣，老師做法不是提點，而是會以身教，並定下時間表鍥而不捨地督促他改正，哪怕要一個月、三個月、半年、一年……不見成效，不會罷休。中國傳統常談的人格品質，例如自制，正是今天年輕人最缺欠的。以生活時間表為例，每晚十時關燈，早上六時半起牀，三年如一日沒有例外。大年初一，有老師提出應否給同學放假，「放鬆」一下，改為七時起牀，但遭校監否決了，老師不明何解。從實際需要看，某天多睡半小時，不會得到特別大的健康益處。相反賴牀半小時，是尋求心理滿足多於實際需要，人們常將「需要」跟「想要」的東西混為一談。

人心慾望無窮，若要放任自己，總可找到藉口。無限地自我放任，或不懈地自制，此中沒有黑白對錯的界線，只憑一念。學生正值受訓時期，要小心輔導他們的心理。受訓是要鍛煉自制，所以不能讓同學在沒有需要下，找藉口來放鬆自己。等到學生畢業後，何事放鬆，何事約束，自能收放自如。

正生好刻薄？

今天社會很重視人權，但有時過於極端，會變成追求一己利益及私有產權。人權觀念一旦被濫用，人的自利心便會無限擴張，罔顧大眾利益，無止境追求自私自利的行為，金融海嘯是舉世見證之一例。

相對私利，年輕人還有一些更重要的東西要學習，更廣闊的空間去探求，就是學習與人分享。本校是私立中學，但學生繳付的學費，與他們「享用」的物質生活不成比例：學生要艱苦勞動，衣食住行只達到最基本水平，從現代生活水平看，有人甚至用「刻薄」來形容。這種強迫性簡樸和捨己的生活，乃是要擴闊學生的視野，從一所「封閉」的校舍，「開放」至全香港、全中國、全世界、全人類，徹底改變他們「利己」的結構性積習，學習過「利他」的生活，所以，節衣縮食、無私捐輸是正生刻意設計的學習。

我們在簡約生活下積累了財政盈餘（盈餘是因老師只支半薪），除了用作投資先進教學器材、特殊項目、公益企業和師資薪津外，部分會撥作國內濟弱扶困的服務，例如在河南、福建、雲南、廣東各省，開辦愛滋學校、愛滋收容所、父母被囚者孤兒院、精神病及戒毒康復者職訓農場、善終服務所、殘障人士和受家暴困擾婦女自力更生服務等。

我校要學生認識到，雖然師生生活清貧，好像是社會上「有需要」的一羣，但世界上還有很多比我們有更迫切需要的人。我們擁有人權，但是除了自己，也要關懷其他生活受剝削或不幸者的人權。「捐輸」，就是篤信《聖經》的教導：「白白的得來，也要白白的捨去」（〈馬太福音〉10：8 下），「施比受更為有福」（〈使徒行傳〉20：35 下）。這是一種價值及生命教育，由校長、老師、舍監、同工、社工以至學生，一起實踐，以締造學生生命的轉變。

她看見媽媽被殺

我們想建立學生的正向人生觀，讓他們不單在教室內學習，更要走出社會，看見別人的需要。例如進入本會在內地的各慈善機構實地協助，體驗民間疾苦，從受助者角色轉為施助者，從接受服務變為提供服務，這些行程都為學生帶來震撼性的經驗。

且看學生如何從服事他人有所成長，這是黃美詩同學的分享：「從來沒有想過能到外地體驗，今年卻有幸被派往福州的順昌愛心小學，與當地小孩一起生活，為期一個月。這些孩子的父母多數是囚犯、吸毒者或愛滋病患者，有些孩子更不幸地在母腹中感染愛滋病毒，有的因為營養不良，早已病發，對他們來說，活着非常寶貴。

「這些被遺棄或家庭有問題的小孩，從小已感到受傷害，性格都孤僻內向，不易相信別人。他們外表看來很難相處，然而，只要我們付出多一點關心，他們便會慢慢軟化，回復純真可愛。在相處過程中，我感到他們何等渴望愛和被愛，只要有愛，他們便能健康地成長，要不然他們一輩子也抬不起頭做人。當中有一個約六七歲的女孩令我感受深刻，她親眼看着媽媽被人殺害，試問一個有這樣慘痛經歷的小孩，若得不到正常的教導，將來會變成怎樣呢？

「雖然國內事工艱難重重，但若然能夠幫助及改變這些孩子的命運，我相信是非常值得的，生命建造的工程實在刻不容緩。」

看見美麗世界

香港文化中心舉行第三十屆全港學生公開攝影比賽的頒獎典禮，由香港浸會大學攝影學會舊生會主辦，參賽作品達二千份，不少作品都來自設計或藝術學院、大專學生，甚具水平。正生同學共遞交了十六份作品，有六份入圍，其中一份獲銅獎。正生學生作品取材樸實，一如日常生活，謝霈初獲銅獎的〈笑聲〉是一幀同學合照，另一幀作品〈祈禱〉，是拍攝某同學的私禱；賴福俊的〈辛勞〉拍攝同學搬運；呂榮豪的〈源〉則取材於樹葉的水滴，〈延續〉捕捉一對昆蟲交配，〈浴室〉取材男生共浴，這些都不是科技「催谷」的產品，而是發自學生創意的靈機一觸。

獲獎的晚上，霈初雙手捧着獎品 —— 一座大型彩色打印機，步出文化中心的露台，心情雀躍不已，只見星月晴空，華燈初上，夜涼如水。霈初凝視着半島酒店、梳士巴利道、彌敦道一帶的燈飾，由衷地說：「這裏真美啊！進了正生，我裏面好像換了一個人。」

文化中心是「邊青」三更夜半的流連熱點，兩年前他也常在此地出沒。過去的華燈依舊，街景如常，只是當年人如醉生，心如夢死，對身旁事物感覺完全麻木；佔據少年人心頭的只有毒品、毒品和毒品，哪裏會欣賞街景？怎會有真、善、美的訴求？當人的生命改變了，內心也開始漸漸美化，對世界的看法隨之改變，開始懂得欣賞世界的美。

今天幾乎全民攝影，人人手執一機隨意按，但攝影是講求心靈深度的學問，心性要具備創意、感性、內涵、美善，都裝不來，假不了。有質素的攝影不容易，選相片、編輯相片就更困難。所以校方對學習攝影的學生設下很多要求，要求他們剪片、執相、揀相，又接受外間的攝影任務，加入職業水平的壓力，讓他們從中有心性的訓練。他們在這些真實的任務中，學會負責任。我們將各種機遇設計成學習機會，有老師參與其中，也容易逮住教育學生的每一刻。

嘩！好凍！

在夏天，城市人早晚躲在冷氣間，身體調節溫度的功能難以啟動；冬天又不鍛煉體魄，久而久之，我們便喪失與自然搏鬥的能力，抗逆意志亦會削弱，容易迷失，不懂得拿捏自己的限制和能力，很多時會導致沉溺於不良習慣。

正生書院的師生，不論男女，一年四季都用冷水沐浴，只有個別體弱者例外。冷水浴是人類以血肉之軀抵擋大自然挑戰的縮影。憑赤裸肌膚去抵擋嚴寒，一切舒適的文明器物都不管用，人返回了最原始的生存境域，讓身體自我調適以求生存，與自然協調，是人類生存之根本。

在教室和工場內，師生關係無論多親切總有一點距離；但在冷水浴缸前，人人所面對的困難和挑戰完全相同，每個人身心的最強和最弱之處都無所遁形，師生之間衍生出一種無形的契合，真正建立起人性基本的互信和共生的基礎。

在正生服務了兩年的翠紅對沐浴有這番體會：「第一年入冬，嘩！很『甘』！我以為過一年就沒事啦。第二年入冬……踏入浴室，先用一雙手試試水溫，嗯，還可以，未至於麻痺。洗頭時，頭皮的敏銳感覺，如實告訴自己水溫的真相！洗完頭，身體在顫抖。要入『戲肉』啦，我心中先禱告，然後深呼吸，就將第一勺，也是最關鍵的一勺冷水往身上潑！『嘩！好凍！』誰說習慣了就可以？生理反應最是誠實，每次都很坦白地告訴我：『好凍！好凍！』但當最後一勺淋完了，身體就會發熱——好像有一個自動調節的禦寒機制，皮膚泛起陣陣滾燙，最舒暢不過……下一次呢，還不是一樣要先禱告、深呼吸……再經歷一次重生的力量？」

冷水浴的困難不在於體溫與水冷的差距，而在於一份願意「突破困難」的意志，浴後那份舒適感叫人津津樂道，是一種真正生存的感覺。正生教育強調「攻克己身，叫身服我」(《聖經．哥林多前書》9：27)，人要不斷作出自我調適，以克服困難，這是終身要學習的功課，冷水浴只是種實習。

立體教育

有人說正生書院的教育理念「獨特」，正面意義是創新，倒過來是「出位」。正生所做的並不是停留在傳授知識的層面，更不在培養品學兼優的學生，我們的目標是要從裏向外，更新和創造個別學生的世界觀，使他成器、成人，成為一個有全球視野的世界公民。

如果將傳統考試、求分數視為狹義的直線教育，所謂德、智、體、羣、美的平衡發展或可視為平面教育；正生追求的是「立體」教育，是以現實生活體驗為主，看重學生的人格成長是否得到深度培訓，最終能融入社會。正生不斷讓學生擴闊生活面，如參與學界比賽、社區比賽和社會企業培訓等；學生也會參與國內的慈善服務，遠赴海外作文化交流，讓他們擁有真真正正的生活經驗。

體育賽事除了能夠增強體能、意志和魄力，還可以讓年輕人找到自己的「身分」。體育運動是一種人運用天然能力自我表達的形式。正生學生都經歷過種種失敗，被標籤為「邊青」，意味着這羣孩子終身都要被邊緣化。我們鼓勵正生學生參加學界比賽，讓他們充實而真實地體認到自己不再是邊青。最初這些年輕人因為害怕失敗而拒絕參與，甚至站在場邊取笑別人，主動把自己邊緣化了。後來他們不但贏得獎杯，也贏回身分和別人的尊重，成為名副其實的「學生」。

正生教育的目標是融入「社區」，也就是要學生有一個認可「個體」的「羣體」。「學校」是一個社區，年輕人因正生書院而成為「學界」一分子；香港學界也是一個社區，學生參加比賽，是因有學生身分才得到的機會；戒毒畢業生上教會，教會便成為他們的社區；正生落戶長洲十多年，參與當地的各種活動，長洲已成為正生同學的社區。

我們辦教育，「硬件」只是一所學校，提供寄宿、院舍、教育、職訓、輔導、羣體活動……但我們真正的力量是在「軟件」，透過各種「活動」訓練學生如何面對人生試探，勝過苦難。

洗掉「邊緣」意識

不少學校都會鼓勵學生參加學界比賽，正生書院自創校以來，也積極以學生個人或團體名義參加各種大小賽事，如學界、社區、文化、影視、藝術、創作、體育，項目眾多，獲獎的也不少，十多年來所領的獎項或可寫滿幾頁白紙。這些獎杯或獎牌都存放校內，師生共有，激勵學弟學妹薪火相傳，讓追求勝利的精神傳承下去。

我們的教育向來強調謙虛、樸素、務實、克己，參加比賽會否變相鼓勵了學生追逐功名，違反樸實生活的宗旨？其實參賽對學生的意義，遠比榮譽的光環為大。正生教育是要讓學生融入社會，不再被「邊緣化」，學生甚至要在心底裏連「邊緣」的意識也洗掉。參賽和獲獎，表示學生從今可以在「平等」的基礎上展示實力，感受到自己是社會真正的一分子，從而肯定個人的能力和身分。

追逐獎項不是目標，即使無緣獲獎，學生仍可在努力之中得到自我肯定。許多時學生雖然輸掉比賽，但他們的積極表現卻往往贏得對方教練讚賞。學生由此明白，落敗也可以滿有尊嚴。尊嚴不只是口號，是人生的美；當人在比賽中努力，以不放棄的拚搏精神而贏取的。

校長的話

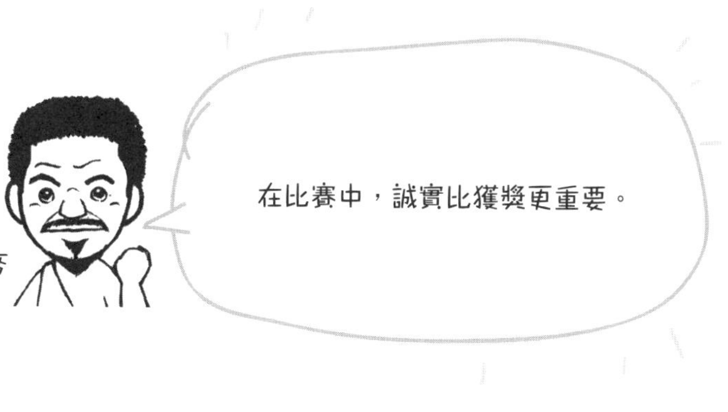

在比賽中，誠實比獲獎更重要。

棄足取籃

學生在學業上的成就，只是個人成就，並不會加增他對學校的歸屬感。但活動能豐富學生的羣體生活和文化，在校際比賽中，學生自然會為己校打氣吶喊，甚至自發唱校歌，這是一種團結精神，自然流露對學校的歸屬感。當學生在羣體裏找到自己的定位和身分，會打從心裏要為那羣體貢獻自己。

只要是學生有興趣的活動，都可以給他們去試，不過一定要讓他們在場景中學會付出，從而建立正確的價值觀。例如正生只給學生組合唱團，不設搖滾樂隊。因為合唱團是一個集體，搖滾樂隊比較容易突出個人。

體育活動方面，不是所有項目都適合正生的學生，挑選原則要與我們的教育理念密切相關，例如，正生有籃球隊而沒有足球隊。很多男生都在「波地」長大，對籃球的複雜賽技較陌生。我們棄足球，取籃球，大有棄舊更新、捨易取難的意味。昔日專長今無所用，就不會恃寵生驕；昔日惡習（如茅招）無所發揮，一切技術都要在新的基礎上重新培養。

其次，足球的肢體碰撞機會較籃球為多，並不適合情緒不穩的學生，容易引發激動、忿怒、報復。而相對上，籃球較少肢體碰撞，可以加強自我克制，比較適用於正生。

原因之三，籃球與其他球類運動一樣，固然要強調個別技術，亦需要每一位隊員的專注投入與配合，各盡本分才能發揮果效，每位球員都有自己的角色，謹守崗位，就能發揮戰術的果效。

籃球協防戰術

我們的籃球比賽策略，是經過多番摸索而制訂的，名為「籃球協防戰術」(ball-help defense)。其特點不在突出「個人」球技，而要求全隊每個人從頭到尾都集中心念，設法建立「整隊性」的攻防。很多球賽都採用「人盯人」戰術，每個球員只專注於阻止對方進攻，但是我們要求每位球員全方位留意對方所有球員的位置，隨時調整自己的攻防。一方有難，八方支援，每個球員都預備隨時協助隊友，不能有一刻鬆懈；只要有一人鬆懈，便會造成防線的缺口。球員即或離場休息，仍須專注場上的攻防，久而久之，隊員的「小我」都會消失。

這種戰術對體力、專注力、心理狀態、隊形的要求極高，卻能大大提高隊員的心理素質、戰意、攻力。我們採用這種籃球戰術，不是因為容易入球得分，而是要使每個球員在參賽過程中得到身心操練，看重團隊，實踐「各人不要單顧自己的事，也要顧別人的事」(《聖經・腓立比書》2：4) 的精神。在學界比賽中，有強隊用「難纏」二字來形容正生，其實難纏者不在我們的體力和球技，而在團隊精神所表現的無我和合一。

我們對於射球的見解，來自國際級美國籃球教練 Robert Metcalf。射球者先要採取最自然和輕鬆的站姿，這是運用肌肉協作數量最少，而又能發揮最大的力學效果。上身放鬆，臂部和手部肌肉運用減至最低，力點很自然地放於腳底，由下而上，人像彈簧般一躍而起，在瞬間把球射出。射籃者的目光不要對準籃框，而是凝望框前，心意只在「射球」，而不在「入球」。

從力學原理上說，肌肉放鬆使身體達到最大的「穩定性」。目光集中，意味着射球者只為完成一件「應做」的事，而不是去做一件「必成」的事，並非志在必得，有點像道家所說的平常心，一切順其自然。

這些籃球訓練技巧，是要配合學校的教育哲學，也是學校推行活動要注意的地方：不必看重「劃一」，但是強調有適度「自制」；不是要滿足「必達」的指標，是每個人都清楚自己正循什麼「方向」前進。

成功地失敗了

年輕人不要害怕失敗，因為人跌倒了可以重新站起來，失敗者可以再追求成功。學校鼓勵學生參加各種學界比賽，不應強調追求獎項，躋身名校，而是透過比賽給予學生珍貴的鍛煉機會。

有一次學界比賽，我校正處下風，對方還出言挑釁，聲言要「玩死正生同學」。可幸學生仍能沉住氣完成賽事，反勝對方 2 分。一完場，學生馬上就情緒高漲，我們要立刻控制學生情緒，與他們作感恩禱告。學生從中累積經驗面對成敗，也培養好性情來回應挑戰。

無論任何比賽，沒有人能夠確保勝利，但是人人都能夠在每場賽事中全力以赴。本校女子組籃球隊初次參加學界比賽時，對手竟是上一屆的冠軍隊！強弱懸殊不在話下，對方為了爭取衞冕，必然毫不留手。幸好本校球隊全力應戰，寸步不讓，終於取得 12 分。我們看為一次重大勝利。對手呢？他們取得 72 分，本隊落後 60 分！

怎麼輸了 60 分還說勝利？兩支球隊的實力有天壤之別，開賽時，本隊惟一目標是竭盡所能，遏止對方的凌厲進攻，底線是不容許對方取得 75 分！賽後，對方教練幾乎含着淚走過來，她說從來未見過一支落後 60 分的球隊，竟會毫無保留地作賽，跌倒了立刻站起來，毫無怨言，不斷攔截，直到最後一秒。

生命教育，並非只看一朝成敗，而是要盡力把自己的潛能發揮得淋漓盡致，才不枉此生。

學校為學生安排活動，要有反省精神，不可因循，要按學生的需要，認真考慮為何做與不做。

禁賽的教育

卓朗同學是乒乓球隊的隊員，卻在學界賽前被禁止出賽。他回想時說：「比賽前一天，我和一眾隊員在長洲練波，教練鍾先生着我和另一位弟兄練好基本功，先練『搓波』。

「我自作主張，趁教練不在時和另一位弟兄練習發球，在旁練習的弟兄提醒我要服從，不要自把自為，我仍一意孤行。結果教練回來時見我在練發球，立刻罰我在旁站立，然後由同工帶我返回霞澗宿舍。我十分傷心，因為在比賽前夕，竟被『逐出師門』。當我回到宿舍，有不少弟兄問我，『你不是要去比賽嗎？』『為何現在回來？』我有種說不出的難受。起初，我不明白為何因這丁點小事就把我逐回來，我不過是針對自己的弱點『對症下藥』而已，為何要趕我走？

「我再三反省，自己並非首次不服從教練和同工的指示。作為球員，如果我不守紀律、不服從教練的話，教練又怎可以派我代表學校出賽呢？加上我一向自我中心，打球時沒有球品是『家常便飯』，時常控制不了自己的情緒，每逢打失波或輸波，即使有弟兄和同工在旁，我會大聲説粗口，或拍打東西發泄。雖然我進入正生已經一年，但態度仍須改善。

「從這件事中我反省到紀律、服從、尊重、禮貌是很重要的，學校不看重球技，卻視乎態度才會給予比賽的機會。我返回宿舍不久，就收到隊友獲得冠軍的消息，那一刻我不曉得如何反應。但後來我深刻地明白到要更加努力學習，改善態度。踢波、打乒乓球不是為了勝出，而是從中磨練自己，改好性格，重要是自己有否得着，有否成長。」

自我完善的球賽

有次長洲體育館舉行生命盃籃球賽，正生書院男子隊未能進入決賽，女子組取得季軍。本校同工 Jade 帶着激動和感恩，記述比賽的過程：「進入決賽，姊妹一直擔掛的事情終於要發生：與長洲浸信會對壘，對方的球員是每週練習時的對手 —— 長洲官中學生。姊妹平素在練習時，已被對方打得落花流水，今天在球場對陣，心裏不免要倒抽一口涼氣。各人進場時，一臉忐忑；在場中又失了方寸，經過幾番調校，才能投入戰情，最後以 6：16 輸給對方。及至第二場，是爭奪季、殿軍之戰，她們的心理障礙挪走了，完全沒有壓力，依循教練平時的指示，發揮水準，我也看得很興奮。最後，女子組以 11：8 勝出，取得季軍。

「記得她們初受訓練時，連拍球都不懂；接到籃球竟將它視若炸彈一般立時拋開，但又不知道給誰，有時竟傳了給對方球員！到今天，她們已知道怎樣控球，懂得攻守；由初時搶得籃底球也未能投入取分，但今天懂得走籃，又能射中籃底球，是下過苦功的明證，真為她們感恩！」

從老師的記述，可以看到學生的進步、堅持，明知會大比數輸掉球賽，學生都盡力應付。學生由這經驗認識到，原來自己可以發揮潛能面對困難，從中認識自己、擁抱自己。

我們的社會總教人面對無把握的事時要逃避，要避開失敗。但人能面對失敗和困難，是更可貴。學生參與比賽，關鍵在於有沒有不遺餘力，有沒有自我完善，有沒有尊重公平原則（不用茅招），即使與獎無緣，也對自己負責任，透過比賽這些價值觀將根植於年輕人的信念中。

喚醒自愛的步操

正生學生其中一種訓練是步操，由警隊義工提供訓練。學生最初知道要步操，竟出乎意外的反感。原來對這羣進過懲教所的年輕人，步操是負面的經驗。在懲教所犯了事便要罰步操、跑步、勞動等紀律訓練，由一小時至兩三小時不等，由於這些是紀律式訓練強迫的，因此人人厭惡。

後來學生從部隊的莊嚴步操中看見，「紀律」原來不是懲罰，而是表達人性中的自信、自重、尊嚴、體面、威儀和風采，英姿颯颯、威風凜凜的外表，流露出紀律者內心的價值觀和高尚情操，如孔子謂「君子不重則不威」（君子〔內心〕不莊重，便沒有〔外在〕威儀）。由此學生對步操的印象改觀，不但不厭惡，更以入伍為榮。在年初三我校的感恩日表演前一晚，有學生在睡前不忘拿出一雙步操皮靴，一臉尊敬地用鞋油和粗布把它拭擦得光亮照面，原來尊嚴是人人都想追求的。

很多參觀正生的朋友都稱讚我們把一羣身心鬆散的少年人訓練得秩序井然，嚴守紀律，這並非強迫得來的，而是學生心態改變了。我們不靠硬制度，而是透過師生生活的互相感染，喚起學生的自愛。

訓練年輕人不能用「倒模」方式，只求學生掌握某種求生技能，而是喚醒學生的意志，尊重自己的生命，他日才能敬業樂業，自重自愛。

教育工作者要相信教育，相信可以把學生教好。

集隊的「可持續」能耐

現今教育很看重學生的「自主性」，如自學、自律、自信、自尊、自我興趣、自我風格，有自主性的孩子不容易受朋輩誤導走歪路。有人認為重視「羣體性」的學校訓練，會消滅自我，對學生洗腦。其實兩者並沒有必然矛盾。

正生書院每次活動前都會集隊，全體學生自然肅立，足比肩寬，手放身後，身體端正，抖擻精神，等候訓示或聽取安排，集隊一般十至三十分鐘。

這種站姿是經過一番研究的。首先我們不像軍隊挺立，也不是要採用軍訓元素，因為軍隊的行動意識太強，服從意識太高，自我消失，集體先行，這不是訓練的本意。當然我們也不是任由各人隨隨便便，一盤散沙，好像「闊佬懶理」般站立，因為精神渙散意味着自我放任和頹廢。同學的站姿要恰到好處，人人要對個人的表現有所要求，但又要保留個人空間，略有差異的可作調整。這裏包含着一種「自我完善」的精神，每個人一生都要面對問題，處理問題，因此嚴格的步操式規劃如閱兵，雖然姿態好看，但對教育學生則不一定受用。

我校的校服設計也包含着一些微妙元素，同學上身都必須穿着劃一的汗衫，其他裝束可容許各有差異。這種差異是要學生明白，每個人都擁有一份屬於自己的「可持續」能耐，學習終身鍥而不捨地去解決困難。

在學校生活經驗到的價值觀，對年輕人將來做人處事、下決定，影響深遠。

長跑訓練的奧妙

德育或靈性訓練不能獨立進行，須置放於各種活動和情景中，包括羣體和體能活動，讓學生從「自我」的昏沉中復蘇，學習自我反省，自我管理，追求自我實現。

長跑是正生書院重視的運動項目之一，它能鍛煉人發揮一種生命素質 —— 堅毅的「能耐」。運動員不需具備過人天賦，反之毅力和堅持才是最重要的條件，即使人不能改變其天分、資源、方法，只要調校個人的心態和決心都可以應付。適度長跑（如半馬拉松）是人人都可完成的運動，只要體質正常，不強求過於自己的能力，又願意受訓便可。

正生書院在 2010 年 11 月派出十名學生參加香港長跑會的半馬拉松賽事，全程 23.08 公里，最佳成績的男生跑了 1 小時 36 分鐘，女生最快的跑了 2 小時 8 分鐘，最慢的也以 2 小時 39 分鐘跑畢全程。後來在城門水塘舉行的中學校際越野賽，有五百多位參賽者組成六十九隊。本校派出二十四位同學，共獲四個獎項：個人賽男子甲組個人第九名和女子甲組個人第十名，以及團體賽男子團體甲組亞軍及女子甲組殿軍。

長跑其中一種好處，是讓學生懂得自我管理，按部就班追求「實現自我」的目標。青少年在這個水平中，所要求的不是天分，而是努力，以及每一步都不放棄的毅力。我們獎勵堅持，而不單是要求成績。今次我們有一位運動員豪仔在最後兩公里抽筋，大部分參加者都早已放棄，但他堅持下去，在兩小時跑畢全程。

教育最重要是定下目標，然後與學生同行達到。

散打與人格訓練

「散打」又稱自由搏擊，是體育運動的一種（2009 年東亞運動會項目），如今在國內極為流行。西方社會一向視這項運動為正當活動，但香港教育界人士對此仍甚有保留。原因之一，年輕人可能會藉此活動結識品流複雜的人物，因而學壞；原因之二，有些搏擊訓練為了求勝，不惜蓄意培養拳手的低劣心理質素，例如仇恨、狠毒、自大，務要打倒或打死對方為止，這是極負面的教育，但是不少運動都摻雜了這些元素。

正生的散打訓練開始了一年多，我們有什麼教育理念？我們看散打不是「打架」，而是一種正面的「人性」訓練，同學在拳壇拳來腿往，不一定是好勇鬥狠，而是不斷給予自己高度「自我要求」的訓練（請參看下篇〈減磅與信念〉一文），從而提升個人耐力、克制、勇毅、無懼等品格。老師對同學在「格鬥」中的要求，是守規和自我保護，要取得分數，也要不斷自我完善，並非要打倒別人。

正生得到弘博散手會的老師來當義工，他們用心施教，並讓同學以會方名義參賽。正生於 2011 年 7 月初派出五位同學參加「中國武術散手香港盃」公開賽，打了五場，有三位勝出。該會取得「團體至尊大獎」。弘博散手會義工不單訓練「武術」，更將「武德」融入其中，不斷提高同學的「自我要求」，提升品格中的耐力、克制。我們摒棄「成者為王，敗者為寇」的功利主義價值觀，不會只獎勵勝出者，錫濠以 60 公斤對 70 公斤，輸了，但他在台上那股不退縮的勇毅，在賽後贏得各方教練的讚賞。

減磅與信念

學生參加「中國武術散手香港盃」遇上有很多挑戰，其中一項是減磅，通常要減 5 至 10 公斤。這些男生怎樣減磅呢？他們每天早、午要穿「能量衣」，在烈日底下跑步、跳繩；更要戒吃碳水化合物和任何零食，每餐以清淡食物為主。當他們見到其他同學享用美食時，都有放棄的衝動，掙扎之大可想而知。

錫濠賽後寫下感受：「我覺得今次比賽十分好玩，最初知道要出賽，心情非常緊張，便跟其他弟兄一起去『減磅』。一個月內，由 65 公斤減至 60 公斤，真的十分辛苦。直到七月『過磅』後，我才可以恢復正常飲食，真開心……但後來知道要與一個 70 公斤的人作賽，心裏十分害怕。到正式比賽的一刻，我對上帝說，不要理會輸贏，儘管去享受比賽過程就是了。我在台上比賽，真的十分享受。比賽輸了，但我可以經歷這一切，真要感謝天父給我這一次機會，也要感謝學校一班同工，感謝我的父母。」

勝出的同學鍾家麒也寫下他的減磅經歷：「五月知道要作賽，最辛苦是要和幾個弟兄一起『減磅』，我要由 70 公斤減至 60 公斤，要穿『能量衣』，不停出汗、節食、操體能、跑步……鍛煉足足維持了個多月，到『過磅』的一天，當時我還有 60.8 公斤，義工教練瑋仔帶我們去淋熱水澡、焗桑拿……過了半小時，五位同學都減磅成功，但我還是 60.2 公斤！很無奈，濕蒸完又要乾蒸，重複最少三次……教練囑我穿『能量衣』跑步，但是跑完也沒有出汗，我已變成人乾……不過最後成功了，59.54 公斤！我永遠都會記得這事，要不斷要求自己、提升自己，我知道一定要倚靠上帝，無論在散打、學業、做人做事中，都要抱着不屈精神，用堅毅的心倚靠上帝。」

這種不屈的精神正是不少教師在教育青少年時的目標，也是學生最寶貴的學習經歷。

誰來帶活動？

學校給學生安排活動，不要先考慮是否「好玩」，而是要有計劃地將它作為一種德育工具，啟動學生反思，促進自我成長；尤其是基督教學校，更要考慮該活動是否符合信仰原則，與學校持守的價值觀有沒有矛盾，當然也要考慮社會大眾對活動的看法；總之，做與不做也要有個想法。

校方安排活動時，必然要考慮有沒有合適的人任教。合適，不只是擅長該種活動的人，是指能在活動中教授學生德行的人。老師帶活動時，如何訓練學生德行？比賽是個重要的場景。有時學校或學生間會因競賽爭逐鬥得過分激烈，甚至出現學生動手動腳的場面，這就考驗帶領者的功夫：領隊、教練、老師，要先對該項運動有認識，辨別學生在運動期間的情緒變化，例如看見同學情緒波動就要適時換人，讓學生冷靜下來。運動或比賽後要加上解說，例如我們會幫助學生直面稱讚、數算感恩事項，讓學生知道大家是一個整體，學習團結一致。當練習或比賽時遇到困難，我們會帶領學生一起禱告，建立信仰情操、深化情感教育。這樣，學生不論輸贏都能學習功課。

一般學校可能會找外來導師任教課外活動，校內老師只負責點名帶隊，或者交由教學助理帶隊，以為可以減輕教師負擔。但這不是以學生為本的精神。由校內老師兼教活動是最理想的，因為同學投入活動，有時是因由熟悉的老師任教。而且當老師教學又帶活動，增加師生接觸機會，有助培育師生關係。學生在課堂接觸老師教學的一面，在活動時認識老師的另一面，會為彼此的關係發展帶來動力，老師也藉活動認識學生的不同性情，更密切地與學生同行。

要是老師在課堂上只顧單方面傳授知識，缺乏與學生交流互動，這是違反人性的教育！

不是他學壞，是我們教壞

搭棚對話

我常被問及：「戒毒工作難在什麼？」這是一個無結論的問題(open-ended question)，做了這麼多年的戒毒工作，隨便說個答案也可交差。但我知道大多數人這樣問，是因為心中對戒毒的「前設」，他們看吸毒問題是個人問題，戒毒工作就是要處理一個一個吸毒者的「個人」問題。

事實上，看吸毒不純粹是個人問題，相反，一個人吸毒是反映「社會」出了問題。因為社會的價值觀扭曲了，個人才會作出扭曲的行為。這裏不是將責任推給社會，而是想指出若吸毒是病，這病根源於社會，來自大眾文化，當社會不健康，免疫力薄弱的個體便受害了。以教育配合戒毒並非為了處理吸毒者的「個別」問題，而是幫助他們重建健全人格，「抗衡」社會的不健康文化，我們稱之為價值觀重建。舉例說，社會鼓吹人人可追求做自己「喜歡」的事情，享樂至上，這是錯的，人生有很多「責任」，重要性優先於追求一己的快樂，獲得快樂只是責任已盡的副產品，盡了責任，快樂隨之而來，次序不可亂。

蘇聯心理學家利維・維谷斯基（Lev Semenovich Vygotsky）指出，人的思想好像是搭棚，一邊倒塌，整個棚都會倒下。施教者要認識搭棚系統，透過與學習者對話（dialogue），幫助他看出問題所在，把棚搭建好，這就是教育。

物質資源愈多愈富庶，社會變得複雜，教育在這個時代就是要學生重建整全人格，抗衡不健康的價值觀。教育讓人透過學習經驗建立價值取向和人生目標，賦予人免疫力，裝備人面對選擇時能以判斷、分析。

少年貧

人要維持生存和生活便會出現各種「需要」(needs),例如:衣、食、住、行;在生存和生活中,也會有一些自己「想要」(wants),英文是,例如:穿得好一點、吃得好一點、住得好一點,乘坐交通工具快捷一點。需要和想要很難嚴格劃分,在大旱之地,沐浴是奢侈的;但在香港,舒適暖水浴是生活必須,甚至一天幾次。雖然需要和想要的標準各有不同,可是人人心中都有一把量尺,知道界限在哪裏,各種文明都會教人建立這把量尺。

中國人講自制,孔子說:「富與貴……不以其道得之,不處也。」意即不可用不道德的方法追求慾望滿足;墨子講節用,生活極其簡樸。在富裕社會,孩子一旦分不出什麼是真正「需要」和心中「想要」,慾望界線模糊,價值觀念倒置,便可能會做出一些錯誤行為,例如:男孩為零用錢糾黨行劫,女孩為名牌手袋做援交。吸毒是其一,所追求的都是「即時」快感(instant gratification),因為當事人不能分辨,這種短暫滿足有沒有長遠價值。

成長就是人生不斷學習的過程，很多重要的價值觀和生活習慣都在青少年階段形成，良好的成長和教育方法，沒有不講自我節制的。前人說，千金難買少年貧，這不是歌頌貧窮，輕看富貴，而是道出人經歷過貧窮是好事，可以鍛煉約束慾望的能力。

學校也要訓練學生，區別什麼是人生真正需要，什麼只是個人心中想要。我們的學生，要把零用錢存進「銀行」，經導師批准才可運用；家長送來的禮物、手信、日用品、零食，很多會被校方退回。正生並不是以「刻苦」去鍛煉學生節慾，而是讓他們學習「給予」(giving)，學習「分享」(sharing)，是一種與「時下」生活不同的價值觀。刻苦是消極的，但是人若看見一個比小我更宏觀的天地，便會找到更積極和更有意義的追求方向。

打機癮

2010年有一項調查，揭示香港青少年正面臨的成長危機——「懶懶閒」，終日無所事事，生活沒有內容，漫無目的，潮語稱為「hea」，例如：遊蕩、閒談（吹水）、講電話（煲粥）、流連電子遊戲機中心、沉迷社交網站。受訪的都是十二至十八歲的中學生，有百分之七表示每天花六小時「hea」，四成人每天花兩小時「hea」，七成人表示不介意過這種生活，最憂心忡忡的應該是家長。

孩子喜歡玩什麼遊戲，可預告他們人格發展的趨勢。時下最常見的，是在地鐵車廂或快餐店內，小孩或青少年一有時間，便掏出小型遊戲機或手提電話埋頭打機。筆者不是要禁制打遊戲機，不過這種消磨時間的方式，在很多小孩身上一經啟動，動輒可以維持數十分鐘、數小時、半天、整天……為此甚至不吃、不喝、不睡、不如廁……曾有年輕人日以繼夜打機，體力透支而昏厥暴斃。這現象已不是人「玩」機，是機「玩」人。只是很多家長仍然不斷趕潮流，務求子女一機在手，不落伍，不限制孩子沉溺這種遊戲。

遊戲機和其他類近的電子玩具之所以大受歡迎，是能夠刺激人的「官覺」，使人得到「滿足」，但這種官覺滿足會「上癮」的，跟吸煙、吸毒、賭博不遑多讓，至於癮有多深，害有多大，因人而異。當人沉溺於官覺的虛幻滿足感，會失去自發、自主的能力，易受環境影響，被人支配，好「hea」。

「hea」的生活可能是無數青少年步向墮落之路的「先聲」，表面上看，「hea」只代表當事人追求自由，喜愛自在，性格散慢，背後原因是逃避責任，拒絕成長。濫交和吸毒的青少年，十居其九都是在這種鬆懈氛圍下，不知不覺間墮入陷阱。「hea」是一種社會氣氛，但「孕育」孩子這種心態，或是對這氛圍產生「抗疫力」的場景是家庭，這是每個家長必須慎思的課題。

偽智能

我們的童年時代，不少家長都會鼓勵子女上圖書館，借閱課外讀物，一來因為網上媒介未流行，知識主要來源自書本，知多少與讀多少成正比，學業成績優異者大多愛好閱讀。

電腦科技的急速發展改變了世界，今天一百多冊的百科全書可收納於一塊晶片，厚厚的詞典不再是「枕頭書」，已變身為一部設計精巧的智能產品，按一下鍵便會發聲，圖文並茂；還附設多種功能、遊戲、上網等，很多家長追隨潮流，誤以為智能「產品」就是「智慧」化身，無論多昂貴也要給子女買一部，只是擁有智能產品和擁有知識是兩回事。

水能載舟，也能覆舟，智能產品是一把兩刃劍，可帶來祝福，也會帶來禍害，不當使用，不但無法培養知識，更會毀掉孩子一生，使他們形成「癮癖」。沉迷於電子遊戲和網上活動，書讀不成，失掉方向，連與人溝通的能力也失掉。

雖然不少學校皆擁有數百萬元的高科技電腦器材和教材，但我認為在學校使用電腦，只要用作學習就好了，所以我們不許學生上網，不准玩遊戲。我鼓勵學生閱讀，但不是在電腦上，而是要端端正正地捧着一本一本的書來讀，很少搞什麼新潮玩意。

有人說今天出現教師錯配，有創意的老師要教學習有障礙的學生，其實任何老師也需要有創意地教導學生。

頹廢氛圍怎唸書？

曾有立法會議員提出開辦「戒毒學校」，不過政府部門一直不去落實，原因是除了專業人員如社工，很少人會經常接觸吸毒青少年，不知道他們會頹廢到什麼地步。極端頹廢的青年從不「碰」書，甚至連環圖也懶得翻。他們傻楞楞「獃」完中三，卻唸不出二十六個英文字母，寫不出一張十個中文字的便箋。加上毒品破壞腦部，他們會輕易忘記數小時前發生的事；他們每星期會交不同的性伴侶；心中沒有家庭、朋友、社會、過去或將來的觀念，只會問：「今天」夠不夠錢買毒品；他們吃飽便睡，睡醒便吸毒，吸完毒再睡，完全放棄自己，活像一團爛泥，陶醉於毒品昇華的虛擬世界之中⋯⋯

請問我們可用什麼方法，幫助頹廢青年受益於現有的教育制度？我相信沒有什麼祕方，若有，就是四個字——文化氛圍。人在一種文化墮落了，必須在另一種文化中提升，重新做人，但是文化和氛圍不能用金錢和物資去堆砌建構。

以閱讀文化為例。香港不是一個閱讀文化濃厚的城市，全城一窩蜂追求金融和房地產升值，完全變成一個「器物」城市。某大學教授告訴我，他要求同學每星期讀十至二十頁課外書，但同學竟嫌太多！有些中學嘗試推行閱讀，但不成氣候。香港的貧乏不在金錢、技術、知識、物質，而在於「人文」精神，這不是好現象，也難以形成改變頹廢青年的氣候。

爭看古文

正生曾發生一宗一般學校前所未有的「相爭」事件，不是爭吃、爭玩、爭風呷醋、爭寵、爭朋友，而是爭看一本比磚頭還厚的書，名叫《古文觀止》！中文老師寶儀把藏於家中的珍本帶回學校，展示給愛好中國歷史的同學。中五的龍仔一看目錄已開心極了，嘩！由周代到明代，歷史上的偉人、英雄：韓非子、諸葛亮、韓愈、陶潛、蘇軾……他們的文章天天對我們説話，這些都是從中華文化偉人中千挑萬選出來的結晶。龍仔住長洲宿舍，借來的書要留在長洲；但住大嶼山霞涌宿舍唸中三的小濤也要看，他天天向龍仔嚷着要看書，卻不得要領，二人便吵起來。一旦吵架，態度自然欠佳，最後各向老師投訴。結果二人各自説了一個維護自己的故事，當中不乏增刪、擷取、潤飾、歸納，叫人啼笑皆非。

一樁小事給我們看見的是年輕人的「可塑性」。其實很多正生同學的狹小書桌上，除了堆滿雜物和私人用品，還會放幾本書。

除了課本，還有不少課外書：新知、語言、科普、工藝、小說、勵志、宗教等不同類別，不過甚少有漫畫……我校圖書館有二千多本藏書，不乏捧場客。有參觀者告訴我，他看見一位同學把《傑出領袖經典故事》小心翼翼地藏在抽屜裏，流露珍而重之的神情。

為什麼這些與香港一般年輕人無異的學生會愛看書？無他，因為正生沒有物質氛圍，有的是追求心靈長進的氛圍；看書被視為一種美好價值，於是老師感染同學，同學互相感染。

父母虧欠感

青少年問題層出不窮，使父母傷透腦筋，甚至有些已婚人士不想生育，擔心當父母太難了。筆者身為人父，了解難處，只是為了怕教養而不敢當父母未免如同因噎廢食。有教育學家指出，時下父母有一個通病，就是從子女初出生便對他們有一種「虧欠感」，這可能成了日後教養子女的問題根源。

按理說，生養劬勞比天高，父母怎會感到虧欠孩子呢？可是現代都市生活的核心家庭經濟壓力大，要供樓、要改善生活，雙親整天不在家，親子關係薄弱。子女由傭人陪伴，由家傭培育的孩子，因屬「主僕」關係，家傭常會百般遷就、迎合，孩子容易變得嬌縱。尤有甚者，父母因未能完成「天職」，心底對子女感虧欠，有意無意間用「物質」表達「關愛」，彌補虧欠，例如買玩具，嚐美味（雪糕、糖果、薯條、汽水、冷飲），提供舒適生活……可是這一切只能把孩子培養成只懂得享受和追求「官感」滿足，並不能培育他們的健全「人格」。

這恐怕不是家長的原意，現代生活本身就有很多嬌縱子女的陷阱。無論大小事情，若要一方去教，一方去學，這過程需要付出很多時間和心力，親子還需要不斷互相適應，一點一滴，十分瑣碎，難免麻煩。

現代生活卻教人用各樣方法減少「麻煩」，包括解決家庭生活中的「麻煩」。教小朋友綁鞋帶是很麻煩的，於是家長選購「魔術貼」鞋子，結果呢？到孩子升中可能還未通過結繩的難關。學用筷子吃飯也很麻煩，於是為有一種發明稱為「輔助」筷子，但是人到多大年紀才應拋棄「輔助」器具呢？恐怕孩子長大後，即使能用筷子也不靈活。

我們需要再思家庭的意義，不應讓商業社會追求多快好省的氛圍滲入家庭，家庭也不應該是一個追求「效率」的地方，它是真正能實踐人生知識和觀念的場所，父母透過潛移默化，子女把良好的「生活」習慣建立起來。

由綁鞋帶開始

前人說「在家靠父母，出外靠朋友」，本來是一句教人積極處世的立身格言，不過對一個人格不獨立、不健全的年輕人來說，「朋友」多不一定是好事，因為不良的「朋輩」可能會叫人誤入歧途；而且長大之後，父母老了又當靠誰？

小孩嬌生慣養，很容易養成凡事倚賴別人，缺乏自理能力。當他們進入成人的世界，渴望獨立的同時，仍缺乏自理能力，會感到焦慮、徬徨，倍感挫敗，情緒低落。在成長路上，心靈愈受挫敗，愈容易受朋輩影響，形成惡性循環，父母愛莫能助。在這階段，很難再插手做些什麼根本性的矯正。家長不要忘記，孩子缺乏自我照顧能力，很多時是自己埋下的種子。在孩子小時候，我們沒有教他們照顧自己，承擔一己的責任，而選擇了百般遷就。

按現代生活標準，人「付錢」便可找人代勞，於是在不知不覺間，對基本生活養成一種「惰性」，八十後、九十後，甚至千禧後的一代，普遍養成了一種對粗重俗務袖手旁觀的生活態度。癮癖本身就是一種「惰性」，是人無止境放任自己的結果，當年輕人缺乏自理能力，遇到困難時只會倚賴別人，甚至逃避現實，怨天尤人。現代社會以舒適為尚的生活，正是助長癮癖形成的原因之一。至於殷勤勞動的人對人生有一種責任感，很少會養成癮癖。

正生孩子的生活相比現代生活頗算刻苦，但我們的訓練目標是讓他們由「基本生活」做起，例如：燒飯、洗衣、清潔、衛生、修理家具、建設家居。要求學生親力親為，不由別人代勞，建立照顧自己的能力，訓練他們對生存和生活的自發性，頗似傳統中國家庭的基本訓練：「黎明即起，灑掃庭除」。

不打格仔

像正生書院學生這類經過「失敗」經驗的青少年，社會人士可能習慣從保護者的心態看受助者（如邊青、戒毒者），為特別的弱者，要使用特別方法去隱藏他們的身分、保護他們的私隱。可是，善意的保護可能帶來反效果，在保護之下，人便不需要面對現實，容易形成逃避心態。

正生不採用這種方法，我們看過分保護如同溺愛，保護手段會形成某種舒適區，使人沉迷其中，以得回現實生活得不到的安全和愉快，不願離去，這與濫藥的逃避心態如出一轍，是不健康的。所以我們會讓孩子勇於面對過去，坦然承擔責任，面對現實，面對失敗，接受會受傷的機會，重新做人，這是人格教育的核心。

學生要擺脫對外物的倚賴，承擔濫藥的責任，而隱藏身分是不負責任的表現。入學第一天，我們便要學生離開舒適區。學生都知道，他們進入正生後若要接受傳媒訪問，必須以真面目示人，即「不打格仔」。外間人士讚賞正生學生有勇氣、夠膽識，將來進入社會不會吃虧。其實學生的膽識、勇氣只是副產物，正生教育只在訓練學生誠實地面對自己，勇於承擔責任。

有時我們容易低估孩子的抗逆能力（當然要視乎孩子平時有沒有得到「愛」），出於好意而給予過多保護，會使孩子失去學習動機、成長的機會。孩子若是永遠不用承受失敗的滋味，做錯事不用承擔後果，便不能深入認識自己的強處和弱點，將來也不容易成功，過着豐盛人生。試問誰在學走路階段，沒有跌傷過頭部或手腳呢？負面經歷或會帶來不好的感受，但是承受能力各有不同，學校的輔導員因此需要從旁協助，讓孩子面對合適的壓力，不斷接受微調，反過來化為生命成長動力。這樣，孩子的學習就不是停留在一點上，而是一點一點成為一條不斷前進的路。

寬嚴之間

家長其中一種煩惱，就是因為自己那一代的價值觀與孩子一代格格不入，難以溝通，例如家長多成長於匱乏的年代，培養成自律的品質；偏偏九十後、千禧後的一代物質富裕，根本不會自我約束。家長以為可以藉軍訓培育子女的紀律，訓練學生如軍人，壓抑年輕人的自我膨脹。其實任何壓抑只會產生反效果，自我個性得不到發揮，若非陽奉陰違，就會形成蓄勢待發的反彈力。人格培育的關鍵字眼是「誘導」，只有諄諄善誘，才能讓青少年發揮自主性，釋出人格發展所蘊藏的資源，引發無限創意。

學生初進正生，會看見種種規矩滴水不漏般圍着自己，這裏的生活方式跟在外面的完全不同，比家庭嚴謹多了。大小事情如作息、坐臥、飲食、沐浴、穿戴、言談、娛樂、資訊，都規條多多。

正生並非以設定規則令學生守紀律，我們只想用氣氛感化學生，讓學生自發守規，學生對自己有要求，其中因素就是環境氣氛的帶動和感染。

同時，每個學生都有很大的自我發展空間，不單在學業、技能上，也在自我個性發展上，祕訣就是每個師長都會給予學生一份人格上的「尊重」，我們看學生是人，並非模造他們，乃是感動他們。

告別「走精面」

「走精面」(靠着小聰明走捷徑，存着不誠實的心態做事，只求獲利)，是「古惑仔」或邊青其中一種性格特點，他們頗有天賦，做事靈活變通，只是沒有用在正確的事上。今時今日，走精面不幸成為都市人的生活態度，扭曲了社會和家庭的整體價值觀。我認為濫藥與走精面行為息息相關，兩者都是不願意承擔生活的困難，不肯承擔責任，展示在違規行為上是濫藥，展現在生活行為上就變成走精面，即如一個貶詞：「精歪」了。

正生書院的訓練，要從根底上扭轉青少年走精面的習性。有一次，我們的公益企業接了一宗製作廣告横額的生意，交由某同學去做，但她粗心大意，做得不夠精細。導師要她重頭再來，但不准使用新的物料，而是要她從之前的「製成品」一片一片小心地拆除舊有的物料重做，一點不可浪費，結果她花了雙倍時間才能完成。

導師的要求，是要同學學會負責任。物料雖然不昂貴，但是人不可隨意浪費，粗心大意做錯了事就要承擔責任，他們要在每件小事情上從頭學起。對學生的各種工作技巧訓練，目的不在職業培訓，而在教育他們學習踏踏實實的工作態度，不取巧，不走精面。

教育不是處理個別問題，而是重建整全的人格，抗衡社會扭曲的價值觀。

環保要義

廢物回收是正生的業務之一，目的是訓練學生物盡其用，不可浪費。我們有時會從各樣掉棄的器材中拆下舊電線，內含銅線，可以賣錢作收入。有一位學生在剪電線時，把短小的碎屑隨意棄留在地上。他的心態是因為數量少，不值錢，懶得撿拾，便當作垃圾隨便拋棄。但是導師為了這區區小事，花了個多小時跟他談話，給他輔導。

丟棄電線小屑的動作，反映了學生兩種不正確的心態：一是責任問題，即「冇手尾」，不肯完成細微而不顯眼的職責。一是只從金錢價值觀看物質，只把「值錢」東西留下，「不值錢」的便丟棄，這是典型消費主義生活下的心態。

要在校園推行環保教育，首要是教導學生，要對生活保持一份適當的尊重，用中國儒學思想說，就是「敬」的生活態度。物盡其用的習慣，所表達的心態是尊重自然和尊重物質，涓滴之資也須珍惜，這是環保意識的根本。

中國傳統的家庭教育說，「一粥一飯，當思來處不易；半絲半縷，恒念物力維艱」，就是重視勤儉節約的習慣。針對青少年的嬌生慣養，以為用物質去滿足慾望是天經地義（奉旨）的事，節儉生活的教育是一種最必須的糾正。

優秀球員

曾在電視上看到一個節目，介紹南太平洋東薩摩亞羣島如何產生優秀欖球員，此羣島屬美國領地，人口只有二萬，卻是全美國產生最多冠軍級欖球員的地方。

欖球運動對體能和心智的要求極高，不單要求力度，也要求速度，要求球員果敢和敏鋭，訓練之難不下於軍隊。原來這片栽培冠軍運動員的土壤，並不像充滿陽光和海灘的夏威夷，而是貧脊荒地，生活窮困，人民以捕獵吞拿魚維生。訓練場地並非綠茵草原，而是焦泥爛土，球員穿戴的裝備和鞋子都是別人棄掉的二手貨。

薩摩亞球員優秀之處，不在於新式裝備和嚴格訓練，而在於他們有一種與生俱來的獨特本質，用現代術語説，前者屬硬件，後者屬軟件。薩摩亞人流着優秀的血液——對「傳統」的尊重，欖球早在中學已流行，年輕人嚮往祖先留下的願景，要作英勇戰士，非為金錢，而是追求實現一種價值觀。

他們的青年球員出國，成了超級運動巨星，出乎意外，他們返回家鄉後，在父母和長輩面前仍然「馴服」如羔羊，守規矩、做家務、事農作，過着與從前無異的簡樸生活，並沒有因物質豐裕而養成暴富心態。

這些球員以奮鬥、刻苦的精神，克服外在不完善的生活條件，表現優秀。事實上，環境對人的成長固然有影響，但並非必然因素，正如年輕人出身單親家庭可以發奮圖強，也可以自暴自棄。有時我們誤以為一定要有優質生活：安舒環境、名校教育、大量金錢，才可以把子女培育成才，然而物質價值和環境不一定是人成長的關鍵，人如何選擇才是最重要。

關係錯置

我們教育年輕人有一個大方向，啟導自中國儒家思想，就是人生要有定位，這定位建立於各種正確關係上，例如人與家庭、與他者、與社會、與自然、與物質的關係，如此種種。從我們的研究和經驗所得，絕大多數濫藥人士的問題都在於關係錯置，特別是物質關係的錯置。以物質來放縱情慾，獲取滿足，沒有用作維持生命和生活的合理素質，支持自己完成更有意義、更有貢獻的事情。這源於沒有自我定位，失去意義，失去方向感。

「物質生活」和「生活物質」是兩個相近的名詞，卻表達出兩種不同的世界觀。構成人體細胞的東西是物質，因此人類生存需要「物質基礎」，衣食住行離不開物質，這是人不能缺少物質生活的原因。但若人以追求物質生活為生存的惟一意義，我們會説這種人的「生活」（很）「物質」（主義）。

社會價值觀扭曲了，如消費主義、物慾主義、炫耀主義。今天社會的道德問題多與物質主義的風氣有關，但是一個人的「生活」是否（很）「物質」（主義），跟他是不是「富有」（擁有豐富物質）不一定直接相關。窮人可以安貧樂道，也可因財失義；富者可以貪得無厭，也可發財立品（品德），這源於另一個層次的問題，是精神生活。

重建年輕人與物質的正確關係，讓他們知道生活的供應不是必然的，不該濫用，這觀念是對物質主義、消費主義價值觀的否定。耶穌是年輕人可以效法的榜樣，無私克己，追求勤勞、儉樸、誠實、聖潔。我們教育年輕人過簡樸生活，將物慾減至最低，絕不浪費一粥一飯、一衣一縷；要分辨何謂需要，何謂想要，注重精神生活的追求，即使最基本的生活需要，也要心存感恩領受。有一位學生說：「正生教懂我，即使多麼平凡的事，其實都得來不易。」就是這個道理。

杏仁餅精神

曾有支持者給正生書院送來大量杏仁餅，於是校內百多位師生就以杏仁餅作早餐，連續吃了三四天。有學生埋怨天天吃，又膩又悶。也有人問，可否換別的吃？這些生活細節，往往反映我們的心態，年輕人成長於消費文化，想要什麼便得到什麼，以滿足慾望為理所當然。簡樸則是一種生活態度，是修養，從衣食住行開始，這是精神生活的追求，也就是要在這些瑣碎事上，正正是學生們要學習的地方。

《聖經》教導我們，上帝創造的一切都有價值，人則受託管理萬物。以杏仁餅為例，它的存在就是讓人享用，所有食物的價值正是如此。人有責任把食物吃下，讓它發揮最大價值。若沒來由將食物丟掉，就是沒有好好管理上帝交託的事。連續幾個星期吃杏仁餅，有學生說是災難，但這其實是心理作用。吃多了不會生病的，大不了樣子更像杏仁餅而已。聽說有學生把杏仁餅壓碎，加熱水成杏仁糊，吃出創意。

有家長常問我，他的子女何時可以畢業？我明白父母很想孩子快快回到自己身邊，其實孩子隨時都可以回家，但他們能否學好才是關鍵。曾經有學生回家，早上一覺醒來就隨地吐痰。那刻，他才驚覺身處的已不是荒野宿舍，而是自己的家；另一位學生，在霞涌碼頭看見地上有一團棄掉的紙巾，他便拾起來，走了很遠路去找垃圾箱。兩位學生的行徑，顯示他們建立了怎樣的生活態度，也預示了將來回家的表現。

要是學生今天嫌棄食物，練精學懶，將來回家也必如此。年輕人要操練的是明知辛苦，仍甘願挑最重的擔子；明知不好吃，仍願意吃，且帶着感恩的心去吃。「攻克己身，叫身服我」（《聖經．哥林多前書》9：27），吃杏仁餅不是因我們窮，而是要學習正確的態度。明辨是非，重整價值觀，自己節儉，還可以把省下來的幫助有需要的人。我們這樣教下一代，將來才有希望。

打賞孩子？

成年人有時總是言行不一，一方面說金錢不是萬能，另一方面又利用金錢來指使子女幫忙家務。現今有些父母愛以金錢「打賞」子女做得達到標準，美其名為這樣可以教導子女學會理財、投資。

隨着人類社會城市化，金錢的角色愈來愈重要，但社會要多元化發展，錢並非生存的惟一要素。用金錢打賞子女，實在是忽略了他們在社會、家庭當負的責任，使他們自小已混亂了價值觀。

以物質獎勵作為誘因，稱為海獅訓練法。像海洋公園訓練海獅，做完高難度動作後便可獲賞小魚。觀眾都知道，海獅對這些人類喜歡看，但對自己無關的戲劇式動作是不感興趣的，海獅關心的是魚！有個寓言故事說，一位孤僻的老者，他的住處來了一羣小孩，天天在喧鬧打球。老人不堪其擾，心生一計，表示喜歡看球，每次賞小孩一些小錢。半個月後，老人削減金錢，後來更說錢用光了，不再賞錢。不久這羣小孩都往別處去玩，因為不甘心免費打球。

訓練子女或年輕人有一個大前提，千萬不要以金錢回報作誘因。我校要求同學只可存着純一的動機服務，就是以單純的心去幫助別人，培養內發的動力。只有真正的內發動力，才可讓人心志精純，在困難中克服種種試探。從深層說，學生追求生命完善的動機只在乎為善，而不在乎為善後能否得賞賜。

正生書院的會考成績，雖然相較於第一級中學還差很遠，但在失學邊青之中是奇蹟。學生的動力何來？是因為存着一個很單純的信念：「求學不是求分數！」但這信念在今天很多正規中學生中，恐怕早已淪為一句口號而已。

e-book 限制

社會談論將課本由印刷品改為電子檔案形式，稱之為e-book，也有教科書出版商開始試行。本人是高科技產品愛好者，將課本改為電子書，固然有望解決書包過重這切身問題，但尚有其他待商榷之處。人類的腦袋充滿創意，想到無限豐富的東西，卻受到肉身限制，很少能做出來。人腦須憑四肢、五官控制外面環境及互動才能表達思想和創意。紙筆的誕生，就是人直接運用物件表達腦袋創意的行為，由原始人結繩、畫圖，至今著書千萬，都是一種相同行為模式的不斷演變。

近數十年電腦改變人類生活，帶來舒適與方便，但這平面的世界也對人類發展和創意造成局限。人使用電腦，其實並不是完全由人去控制電腦，而是人適應電腦或去學習用電腦，換句話說，人將自己拘禁於一種由別人設定的思想、行為模式框架之中：人要學指令，輸入後要等回應，到頭來，可能是電腦限制了人性的自由發展。

前人看書，是一本本攤開來讀或幾本書放在一起，以方便思考和瀏覽，只等待我們造出更大的書桌，放更多書在面前，去從事創作。電子書卻是要我們凝視着一個十來英寸甚至幾英寸的熒幕，儲存器內或互聯網上的資訊雖然無限，但是人運用手眼與立體物質世界互動，展現創意的自由卻受到限制。

我始終相信，e-book 雖可輔助教學，但科技總有其限制，學生身心的需要，必定是人本的教育為首要。

教育不可能只利用器物和科技，關鍵是心法。

北美洲交流

早在 1992 年，教育學院已提出「其他學習經歷」，即 OLE，是個錯的觀念，這種學習方式應稱為課內活動，是學習的一部分。可是人們在改名時卻稱為「課外活動」，已流露了一種心態——不應學，但又被迫要學。我認為這些課內活動，是每個學生必學的，也就是我校所謂的「立體」教育，不只單向學生灌輸知識，也要為他們建立一個全方位視野的世界觀。

我們曾組織了兩次為期一個月的北美洲文化交流團，挑選約十多位同學參加。學校要為同學申請護照、辦簽證、買機票，手續之繁複和艱巨不足為外人道。因為學生有案底，申請美國、加拿大旅遊簽證非常困難，加上學生犯的不是普通案件，有些曾持械行劫，或有暴力傾向。辦簽證包含老師付出無數次的奔走，做了多少次懇求、爭取和一力承擔的保證，同學們都看在眼裏。

為什麼我校要這樣堅持帶學生到海外學習？是為了建立學生

的「正向」人生經驗。學壞、吸毒、失學、犯案、守行為、使家人失望、遭社會唾棄，以致自暴自棄，幾乎是所有邊青的生命方程式。一所學校憑什麼去改寫一條一條負值方程式，把它變成正值？不可空談關懷與勸勉，學生需要的是正面的經驗，不論多困難，正生也要去「創造」這些機會，讓同學能夠建立對人生的信心。讓學生外遊，把機會給予不同的同學，是藉這些機會激發學生發奮。不是外出的環境、到了外國使學生改變，而是透過這些機會讓他們經歷愛與恩典，並透過施教，建立學生的正面思維，這才是改變他們的元素。

熱情感染

正生向學生提供外地交流，不是只讓同學看看外面的世界，最重要是讓多年積習於自我世界的邊青，學習對人開放自己，經歷愛心交往，建立正面人生觀。

羅惠祥同學旅美後寫下這些感受：「我從未想過有機會踏足美國，今年五月，學校讓我們有機會去交流……在這二十八天的旅程，我們去了三個城市：羅省、聖地牙哥、三藩市，在教會分享、參加籃球賽。上帝派了很多小天使在我們身邊，接待我們的每一位義工都十分尊重我們，很有愛心，……我體驗到與人相處，付出自己和包容別人都很重要。

「最深刻的一件事，是在第一站——羅省，我們在一個教會住宿了一星期。……有一天，我在早上七時起牀，竟有人一早已準備好豐富的早餐……最後一晚，我才有機會認識這一羣天天用愛心、信心款待我們，但素未謀面的人！……這些人完全不認識我們，卻將最好的地方、食物給我們盡情享用……若不是為信仰、因着上帝的感動，這事是不會發生的。」

青年人成長，需要藉各種經歷去建立自己的對人生與世界的看法，教育就是朝着這方向走。

有人説正生處於隔離和簡陋的環境，學生曾犯大錯會易教，一般學生不那麼易教。這不過是人們畫地自限，不想改變。

不只講道理，更要講關係

社區病了？

羣體（community）是一個社區，相對於獨居生活而言，家庭是社區，學校是社區，工作單位也是社區。人類由過往羣居（如農村）演變至都市文明，過程中有不少巨變，當人不能適應新的社會關係便會帶來不少問題，例如癮癖（吸毒），就是由都市生活中人與人的病態疏離造成的，人與人不能建立互信，精神生活就會處處留下空白，是人際不健全互動的結果。

人人都嚮往完美和諧的生活。但為什麼人在現實生活的社區中都得不到滿足？依我看，主要是因為在現代社會的「人」被「功能化」了，「人格」在成長過程中被扭曲了，得不到圓滿。當社會全面功能化，功能高的受人尊重，功能低的被蔑視，人人都去追求比別人強的功能，大大壓縮了人性所嚮往的親密、信任、無私、捨己的表達空間。

家庭本是無私奉獻自己的樂園，父慈子孝，是一種不講求客觀條件的天然關係，稱為天倫，沒有功利的出發點，沒有機心的計算，純粹是父子間心與心的相照。可是現代親子關係同樣受功利社會影響，構成一種「功能性」關係，例如父母胼手胝足工作為子女爭取上佳生活條件，口說是為子女好，其實心底還是想子女的成績高人一等，不自覺地想榮耀自己，即古人說的光宗耀祖！父母這種曲線「為己」的期望，子女都看在眼內。如果孩子自小只看到自己的「價值」是為了完成某種功能，他的人格怎能健康成長？

正生書院的教育系統名為「全人互動治療社區」，只因學生原先成長的「社區」不健全，以致「社區」也要接受治療。學生在寄宿生活中，重獲人格的培育，重建「去功能化」的人際關係。

關係破冰

教育有一個重點，就是「關係」。我們相信人生必須定位於正確的「關係」上，而各種關係之中，「家庭關係」最為重要。

正生是隔離式寄宿的，學生不放假不回家，每個月只有一天讓家人探訪，稱為家長日。大部分家長和同學都很珍惜這次久違了的天倫共聚，可是偏偏會有各種不合理的事情發生：有些家長連僅有一次的探訪也不來，讓子女獨自傷感；有些家長山長水遠來見孩子，卻遭孩子拒見，落寞而回……正生的學生大多背負着各種「破爛關係」進校，每個貧窮或富裕家庭的背後都寫滿沉重的故事，我們要花很長時間去理順這些出了問題的關係。

年終的團年飯是我們每年的重點活動，讓子女和家長同桌吃飯，有餘興節目營造氣氛，讓僵化的關係破冰，很多家庭和解就在桌上發生。我們要求學生每週致電回家，主動關心家人。如果家中有困難，我們會勸學生不要往壞方面想；又教導學生主動體諒家人需要，不要只顧自己。

正生也很重視禮貌訓練，見人要打招呼，與人交接要說謝謝。訪客進來，到處可以聽到同學說：早晨、你好、唔該、多謝、對唔住、再見、叔叔，請問……請不要覺得這些禮節冗贅，我們的學生正正需要這些訓練，讓他們可在生活上，學習與別人建立正確的關係。

不要單打獨鬥

學校的羣體生活提供無數個人成長的元素。生理上人人都可以獨立生存，但從社會心理說，人人都需要透過與別人的互動去認識自己，才能達致成長，姑勿論是支援如慰藉，或是衝突如吵架，都是與人的互動，心靈才能健全發展。

我們從青少年的生活中，觀察到羣體對他們的重要性超乎想像，原來每個學生最難忍受的懲罰不是罰錢、體罰，而是不獲參加羣體活動。學生在羣體中被孤立，若能自我反省，會收到意想不到的效果，有時比長期聽老師「說道理」還有效；學生有自省才能改變，重新獲得羣體認同，這是自我成長和調適的途徑，羣體可作為生命的支持系統。羣體的互動能使人產生對自己的要求，或是自我轉變、自我擴展，獨立人格由此形成。

正生一位學生王靖林曾這樣經歷過：「我入學三個月後，偷偷傳紙仔，同工提示了三次，我也沒有認錯。終於被揭發了，我很不開心，走進廚房狂哭。同工 Macy 進來跟我說，你到出面坐，不要坐這裏。我拿起生果刀要割脈，她及時把我拉出去，我們進了同工房，她叫我反省，我不但沒有反省，還寫了很多句『Devil find me, I go to play with Devil』。

「我一直不肯安靜，甚至威脅要跳海！老師跟我討論，教我知道自己不對，她又聽我訴心聲，那一刻，我真的很感動，由不想改變到想改好。後來我被罰的項目是『安靜一星期，倒化糞，抄《聖經．箴言》全篇。』

「我獨個兒倒化糞時，竟有姊妹願意跟我承擔。那一刻，真的很感動，因為錯的是我，不是她們，為何她們主動跟我一同受罰？以前在外面『衰左』，從沒有人願意跟我承擔，何況只是『衰傳紙仔』？我問她們為什麼要幫我，她們一同說：『因為上帝。』因為她們，我感受到上帝沒有撇棄我，我看見了恩典。」

現今學校雖說是羣體生活，不過許多時學校將焦點放在考試讀書，那是一項單打獨鬥的活動，自己學習、個別應考。若要學生過羣體生活，要製造很多互動、頻密的接觸。有些學校藉體育科、音樂科讓學生經驗羣體生活，例如一起參加比賽，讓個體感到與羣體連結，榮辱與共，建立一種親如手足的關係，以及對學校的歸屬感。名校學生很會用功讀書，那麼，更要給他們多一些參與羣體的活動，有更好的成長。

校長的話

學校的羣體生活是裝備學生去愛。

張力下的成長

基督信仰重視羣體，羣體影響個人發展，而個人的決定也會影響羣體。羣體生活會帶來張力，例如資源分配，責任分擔，這時，自我與羣體之間可能出現利益衝突，個人需要承擔羣體的責任。

我們在正生觀察到，羣體的張力如何塑造年輕人，例子一：負責煮飯的學生一時失手，不管煮了什麼味道的食物，大家都要吃。這不像我們上酒樓重視消費權利，難吃便可換掉。因為廚子是羣體的一員，個人責任要全體承擔，要不就是大家幫手解決問題，要不就全體捱餓。例子二：若有學生犯規，全組一起受罰，他們或被剝奪遊戲時間，或不准吃飯，只准吃粥，連老師也一起承受。

正生的集體賞罰跟現代社會講求個人權利毫不搭調，不過這種處理體現了學校對羣體的核心價值：責任感、互助互愛、互相影響、彼此守望。一人犯錯集體受罰，促使他們彼此鼓勵、互相監察；青少年容易自我中心，他們藉此認識自己每一個錯都會影響他人，學懂負責任。可惜今天社會過於重視個別性，把一個大羣體打散成小個體——個別輔導、個別處理、個別處罰，忽視了羣體處理的效應。

不過羣體生活也有積極獎勵的一面。例子三：我們若在學界比賽贏得獎項，全校師生都能分享榮譽。有次兩位女同學參加學界賽，先後完成一百米賽事後大哭，頭一個哭，大家不明白；到第二個哭時，她們表示從沒想過自己可以完成賽事，雖然辛苦但十分感動……她們明白被學校派出去不是為了獎牌，甚至要冒丟人現眼的風險，這個過程讓同學感受到榮辱與共，彼此分享的成功。

例子四：當整體紀律良好，我們又會一起出外，到美加或國內地區交流學習，作為獎勵。青少年缺乏的體驗，正是在羣體中學習互助和感恩；人若從未經驗過羣體生活，又怎能明白如何愛人、愛家、愛國？

新來新豬肉

基督教信仰重視關係，三一神是個關係，團契、教會是信徒間的關係，祈禱、讀經也是神人關係。關係本來是人的基本需要，後現代人卻重視個人，關係愈益疏離。學校本是朋輩交心的地方，可是學生只注重個人學業。當我們辦學校，就是要建立一個健康的社區，使年輕人在其中得到健全的成長。

學校的羣體活動對模造學生的品格產生很大影響，有時能夠轉化學生的生命。在我們的學校，膳食全由學生自理，午餐常吃雞翼，每人一隻。有次，一名新學生進校，第一天便與九名學長用膳，分配食物後還剩下一隻雞翼，大家眼巴巴望着，大家都想吃。

感恩謝飯後，組長把剩下的這隻雞翼分給新來的學弟。這學生頓時感到不安、詫異，心情顫慄，為什麼？因為在他舊有的生活圈子，或曾接觸的一般懲教所，都是奉行「槍打出頭鳥」，「新來新豬肉」。舊生往往在第一天會向新生施下馬威，凌辱、欺負，挫其鋭氣。他心想：這回糟糕了！必是一個詭計，只要自己伸手拿雞翼，必會招來一頓揍打。雞翼給留在碟裏，擱涼了！

後來學生知道這是正生的規矩，人人都要服侍別人，大的要服侍小的，他第一天報到，大家都來服侍他，這與他過去經歷「大佬話事」的江湖規矩背道而馳。這經驗給對他很大的文化震撼（cultural shock）。我們就是這樣地創建一個與外界完全不同的社區和成長環境，改造學生的世界觀和人生價值觀。

真愛之考驗

學校常要求學生以平等、同理心對待自己，對待別人。平等、同理心不是嘴上說了算，實踐才是最重要，我校的師長、同工、學生，每天都在學習這功課。

十年前，正生接到法庭轉介，有兩個帶有人類免疫力缺乏病毒（HIV）的學生想入讀本校，法庭沒有強迫我們接收。我們知道日常生活不會傳染愛滋病，但如何面對為學生和家長帶來的恐慌？

當學校面臨這類收生挑戰，是考驗我們的核心價值，是否能持守有教無類的精神，也是信仰的實踐學習。我們開會的結論是，正生對法庭的轉介從來都是來者不拒，學生是否適合入正生，並不以犯案紀錄去預測，只看入住後的情況。按平等、一視同仁的原則，我們沒理由拒絕這兩名學生。當我們接納這批學生，就是向學生示範何謂接納他人，並實踐《聖經》教導「身上肢體，我們看為不體面的，愈發給他加上體面。」(〈哥林多前書12：23〉) 的真理。

有些學校錄取特殊需要的學生，以為要隱瞞家長和學生，免得引起哄動，或使家長不安以致為子弟轉校。這兩位學生入住前，我們向數十名學生和家長宣布這件事，解釋校方的處理方法，表明願意無條件轉介那些不想留校的學生，轉往其他戒毒中心。結果呢？沒有一位學生要求轉校，他們都願意留下跟這兩位新同學一起生活，學習愛與接納。兩位學生入住後，我們並沒有實行任何隔離措施，他們的卧室、起居、清潔、上課、遊戲、工作都與所有師生在一塊，既然我們相信正常生活接觸不會傳播愛滋病，分隔自是不必要的。

香港學校推行融合教育十年，2011 年 3 月有調查發現學生非常抗拒，甚至排斥與這些有特殊需要的同學相處。推行融合教育首先當然要有資源（例如外國推行融合教育，學校會聘請教學助理幫助有需要的學生），不過，家長、學生、老師的態度轉變才最重要。

繽紛梅窩日

學校不可能擁有無限資源才去栽培學生，有時學校的場景也未夠生活化讓學生充分學習成長，但我們可利用社區的條件給學生上課，讓他們與外界接觸。例如學校樂團定期在社區、街頭、商場表演，可以激發同學認真練習；面對不懂欣賞，甚至挑剔的聽眾，學生情緒或者因此波動，但這也能成為他們的鍛煉機會，培育他們的品性，將來可以從容面對各種挑戰和批評。

正生於 1997 年 7 月落戶梅窩，成為梅窩社區的一分子。梅窩人口二千多人，有原居民、外籍人士，也有從別區遷來的本地人。鄉事委員會每年都舉辦「繽紛梅窩日」，有攤位遊戲、表演、歌舞，還有文化體育賽事，非常熱鬧。

2010 年的梅窩日，正生派了十多名學生以個人名義參賽，贏取了七個獎項，包攬了攝影公開組的冠軍和亞軍、蝴蝶山競跑男子和女子公開組的冠亞軍。不過令人鼓舞的不在獎項，而是印證我們的教育理念——「融入社區」是可實踐的。

我們將新高中課程其中一個重點放在「其他學習經驗」（OLE）上，因為人的改變和成長往往來自經驗學習，其次因為社區能給予戒毒青年最大的支持和接納，透過與社區人士的接觸，改變別人的觀感，達致「融入社區」、「完全康復」。

成績差的學生要學各種技能以便將來謀生？優秀的學生更要學，否則他們只懂讀書，什麼人生道理都不懂。

我們也是大澳人

除了參加「繽紛梅窩日」各種比賽，同學也學習從文化和體育媒介「融入」社區，分享區內人的感情和歡樂，是我們以社區為本的立體教育之一。我們不單在梅窩實踐，在各社區都是這樣，例如在長洲提供餐飲和零售服務；在大澳，我們會服務社區上有需要的人，儘量讓自己成為區內一分子。

一次，大澳女青年會邀請我校學生當義工，為長者家居髹油漆，迎接新年。我們派了三十多位同學前去，同學在服務居民的時候表現得很開心，居民也連聲感謝。2008年黑雨曾摧毀大澳通訊，斷水斷電，破壞力極大，我們的印象尤深。本校迅速派了十四位志願師生前往協助長者居民。2010年10月，颱風「鯰魚」引帶連場黑雨，島上西陲大澳告急，正生收到呼籲，馬上組織大量義工，幫助老弱居民搬運財物及家具，存放到較高位置。

後來我們收到一封感謝信：「各位同學，因為你們的熱心、真誠付出、踏實能幹、體魄強壯，全大澳有需要的長者，都能在短短五小時內得到援助。你們不怕辛苦，有效率地搬家俬、加護門窗，還走訪各戶關心和慰問長者。你們獨立、有紀律，能主動思考、解決問題，真是一班很好的工作夥伴。很開心認識你們……希望你們永遠記得，昨天有一班公公、婆婆和大澳社工，因為你們展現笑臉，是無言感激而真心的笑。」

以前學生的生活都是以自我為中心，根本不曾理會別人，透過參與義工，他們知道對別人有承擔同樣是喜樂的事。我們將學生融入社區的教育，不是要「施予」或「接受」，只要大家抱有「平等」意識，互存互助、互相成全，人格教育的「全人康復」就得以在這種人性互信的基礎上完成。

創意本乎需要

有人說喬布斯不是地球人，是來自外太空或未來世界，只因他的創意非比常人。我對他則有另一種看法，他並沒發明前無古人的全新意念，只是認識人類已有的習慣和特質，重尋事物的根本，說到底只是理解人性基本需要。

七十年代的微型電腦，用「指令」操作 DOS 程式，例如在鍵盤輸入 dir a:（directory）去找尋目錄，於是人需要學習和適應很多指令，這過程非常人工化，絕對是非人性化。喬布斯因為掌握人性的傾向和特性，故另闢蹊徑。

第一，指令是間接的代碼（code），他發明用圖像（graphic）代替指令，圖像是人類最原始而直接表達思想的方法，原始人的山洞畫滿圖像，中國文字的根源也是圖像。

第二，喬布斯發明滑鼠代替人手，指向要選取的物件。其實未懂言語的嬰孩也是如此表達自己，想吃奶就會指向母親。

第三，multi-touch application 是人手控制和移動畫面，放大縮小，拉上移下，動用人最原始的觸覺。當人想要或不要某件物件時，會用手拿取或挪開，又會用輕觸或拍打表達感受。可見喬布斯的偉大創作，都源自人的基本需要。

社會人士以為我們成功之處，是把教育結合戒毒、辦社企、開辦剪接影音工業、出國觀摩等方法。但我們真正的「方法」只是理解人的需要、返回人性的根本，努力不懈地建立師生關係，在愛與被愛中施教，與學生一起成長。

動機務要純一

社會主流的價值觀是鼓吹人要爭取個人與義務平等的權利，但我校要求學生心存純一動機，存着最善良的心做好每個工作，即使是服務他人的義工也要如此。讓他們知道生命中的一切都是白白得來，也不應介意白白捨去。

由於這是高層次的靈性生活，愈高水平的鍛煉，愈需要一種不求回報的動機，好像國家精鋭部隊、修道院、僧侶、藝術創作，都是為發揮人性光輝的力量，不計較金錢回報，只在乎精神純一。我們的學生可以從哪裏學會這種情操？就是老師。

老師進入正生，第一關都先要放下個人權利，甘心為同學做一般老師不會做的事情，例如收取低工資、與同學起居生活、一同受罰等等，老師以行動示範何謂犧牲付出，成為同學學習不計較回報的榜樣。

曾有學生表示，以往他們只會埋怨父母、社會，因為曾經被出賣，從不信任人，他們看朋友是用來利用的；但在正生卻認識到許多無條件付出的人，改變了同學對人對世界對愛的理解。

當正生面對外界種種風雨時，老師照常教書，學生照常上課，支持者照常關心我們，與平日沒兩樣。當我在外面為學校的艱難奔走時，亦緊記校內有多位老師晚晚值班、守夜，不怠不倦，無償地付出自己。他們知道背後有無數支持者用禱告默默支持，自然而然地有份安穩的心，那是一種信仰力量的承托。

教育就是關係，學生的成長有時是因與老師有密切的關係而觸發的。

擁抱磨練

正生書院的遷校風波，使我和同事成為傳媒的追訪對象，甚至有人把我描繪成一個打不倒的強人，處變不驚、高 EQ（情緒智商）和 AQ（抗逆智商），這或許是一種錯誤印象。其實正生遷校並不是我人生最大的考驗，我最難熬的經歷發生在滿懷壯志的青葱歲月。

我像大部分香港人一樣，出身基層，因着父母的疼愛，他們用畢生積蓄供我去加拿大升學。八十年代初，我滿懷摘星的夢想，想當科學家、發明家。畢業前一年，我收到一個晴天霹靂的消息，五十四歲正值盛年的父親中風了，全家的情緒直插谷底。我懷着最沉重的傷痛完成大學，急急返港。原本我在大學找到學術研究的工作，但因家庭的經濟需要及照料父親，一年後便轉去匯基書院任教。

偏偏禍不單行，兩年後連母親也中風了，不到半年她更因腦部腫瘤去世。父親一病十四年，至 1998 年辭世。他在病榻所受的打擊和痛苦不堪想像，對於一生精明幹練的他而言，簡直生不如死。

1993 年，我仍在匯基書院任教，有次我買《聖經》送給學生，無意中看到一些「還願」的經文，便想起自己在十多年前初信耶穌時的許願，如果父母都信耶穌，我便願意全職服侍上帝。既然父母和家庭成員先後信主，該是時候還願了。

我一直在正生當義工，當時正生邀請我加入開展青少年戒毒工作。我也有此抱負，於是在 1995 年便加入當教師，一做十五年。正生 1998 年創校之前，別人很難想像我的人生已擁抱着這麼多傷痛，創校工作也是在百般心靈交戰中完成。這只能説是宗教信仰給予我的力量，一點一滴地預備我面對將來各樣的挑戰。

所謂信仰動力，不一定是指「熱心」的教師想藉「教學」去「傳教」，這是一般人對基督徒教師的誤解。其實每一個有真誠「信仰」的人，不論什麼宗教，都會追求一種人生情操，不滿足於只把「職業」當作用「服務」換取「金錢」，而是尋求上帝的旨意，找一個最符合自己價值觀的工作崗位，發揮所長。

老師們，辛苦了！

我校有一百二十名學生，十九名教職員，他們的職位包括術科老師、工藝導師、傳道人、社工和舍監。當正生老師很辛苦，不在工作量多，不在環境簡陋，不在粗重勞動，不在學生背景，而在於要與學生一起「生活」，這一點是正生教育最特別之處，也是老師最不容易承受之處。

一般寄宿學校有留宿的導師，指導學生生活，他們與學生保持一定的生活距離，例如使用不同的卧室、作息時間不同。正生的老師合約期為三年，未婚者每星期留宿四晚，已婚者留宿三晚，二十四小時當值。留宿期間，老師要與學生同吃、同玩、同睡（雙層牀）、同學習。男性師生同浴，師生之間沒有私隱，學生連丟了肥皂也會找你處理，老師若非全心全意愛學生，只求「打工」，這種「無所遁形」的生活的確是難以忍受的。

我們的老師不會把生活、工作、事奉截然劃分，有些老師會按能力帶學生回家留宿，老師又會讓子女前來學校接觸學生。我的家有足夠空間，經常會邀請學生到家裏住，也會攜同家人參與學校活動，我的兒子自幼已跟正生學生打籃球。

雖然今天的老師很忙碌，做好分內事已不容易，接觸學生的時間很有限。但老師若要以身教學生，仍是要設法「創造」時間、找空間與同學接觸，就會看見測驗卷量度不到的奇妙的教學效果。

老師可能因外在壓力或自身因素而情緒不穩，所以每次上課前都應該反問自己是否適合上課，避免把情緒發泄在學生身上。

修行場

曾聽聞有老師稱學生為顧客，將教學看成一種服務，難道這就是師生關係的真相嗎？我校強調師生互動，上課時是師生，下課後學生也會成為老師，因為他們會照顧老師，例如：做飯給老師吃、幫老師鋪牀。正生老師與學生一同生活，對老師來說，要面對的挑戰非常多，學生做的飯不好吃，要怎樣回應？透過種種情景與經驗互動，在生活中拉近師生差距，老師要磨練隨時都能從容面對學生的奇難雜症。所以，學生也有份陶造老師的成長。

任教英文的李富華老師曾說：「過去幾年（進正生前）的教學生涯十分艱苦，能幫助學生的地方少之又少，使我十分難過……但在（正生）這一年，我遇到很多義工，他們都非常欣賞正生的學生、同工、老師，以及學校的辦學理念，不約而同地說：『這裏是個奇妙的地方，我所得着的比付出更多。』……是的，這裏沒有壞人，沒有欺詐、虛偽、繁華，沒有金錢、名位、權力爭逐。這裏是窮鄉僻壤，落後、原始、困苦的生活，以及蛇蟲鼠蟻，無心教學者都會迅速逃離……同工求同存異，淡泊名利，學習付出、忍耐、和睦、接納、刻苦、簡樸、感恩、合作、創意、體諒、包容……團隊制度讓老師能專注發揮所長和興趣，而不是執行由上而下的指令。……這裏編制從簡，注重彈性，會議不多，讓老師全心全意照顧學生。……在這裏要暫別網上世界，不看電視，廣告和物慾的引誘就不存在……對於我，這裏實在是一個修行場，生活頓然變得輕鬆愉快。」

教師不是一種生存方式，我們要相信教育，相信可以把學生教好。

是苦也是甜

老師如何在日常生活中給學生生命教育？中文老師寶儀分享她的日記：「我初期擔任正生義工，大部分時間在女生宿舍看她們溫習、靈修、刺繡，驚訝於她們的自律、守規。導師每次問她們明白沒有、聽到沒有，她們總是爽快而神氣地大聲回答：『明白！知道！』聲音之響亮仿如平地一聲雷，嚇我一跳。我很欣賞她們的專心和敏捷。要喝水，要上廁所前，都會先問准導師。我教了她們一道算術、一句英文，她們連忙有禮地說：『多謝。』

「第一次跟她們一起禱告，是在第一頓午飯前。領禱的女同學竟為我這陌生導師怕『生部牀』（不適應新的睡牀）禱告，希望我可以安睡……很溫暖，很窩心。祈禱後睜開眼，我看到她美麗的眼睛，說聲謝謝，女孩開心地笑了。可惜第一個晚上真的太悶熱，睡不着……對我最大的挑戰是和她們一起割草……生平第一次在烈日下戴着手套，拿着鐮刀，非常吃力。我暗自覺得，人真的不可以跟大自然角力。女孩雖也會嚷着怕蛇呀，怕什麼呀，卻仍十分勇敢。過了一會，不行了，我喝了點水，但她們仍若無其事地披荊斬棘。我氣喘不過來了，只能暗自由衷地，為這可畏的一代喝采。」

成為老師後，她這樣寫道：「生病了，喉嚨如火燒，鼻孔噴出來的熱氣把人中灼燙了。我教了兩課書，午飯後便去睡一睡，焗出一身汗，好一點。快快淋個熱水澡，晾了衣服，呆坐着看姊妹做十字繡。嘉儀個子小小，卻氣焰十足地向肇如高聲挑釁：『生命無分貴賤，不過你賤啲！』幸好肇如沒有當真，我沒有氣力去問個究竟，只把她的話打下來，喚嘉儀來讀。她笑了，有點不好意思地說：『不知道……玩的時候講這些話，不曉得原來這麼難聽。』……我欣賞嘉儀正面的態度，虛心學習，一邊看我的文字，一邊自我反省。我也叫肇如來看，她看後又跳又笑，因為有人為她伸冤了。我欣賞肇如，暗『箭』飛來，她輕輕接住放下，沒有自插。別人的話若未經她許可，是不可能刺傷她的。我慶幸即使病了，仍然回來『撐』着。在這裏教學，每一天都很有意思。同工、學生都問候我，關心我痊愈了沒有。在這裏，病也病得甜一點。」

我唔識字……

我校曾奪得校際乒乓球比賽乙組男子團體總冠軍，當天同學愈戰愈勇。乒乓球總教練是在正生服務了十七年的同工鍾永發，同學稱他「發叔」。發叔在八十年代進正生戒毒，是第一個帶有感化令的學生，畢業後，他留校服務，用愛心照顧弟兄如家人，婚後，妻子有感於丈夫的心志，也辭工進來，二人同心工作，育有一女。

發叔在2002年自薦為同學組織乒乓球隊，他雖有一點興趣，但未受過正式訓練。從那時起，他憑着一股愛心和毅力，每週末上深圳找國手打球，尋求指點，提升球技，回來教導學生。十多年來從不間斷，有時練球至晚上；在授球之餘，向同學講説做人道理，可見其人對專業追求的認真和謙恭。這份愛心是每位老師必備的。正生的乒乓球風不是來自地獄式訓練，而是源於對教練人格的仰慕。

發叔另一項專長是攝影和黑房技術。他自學而達專業水平，然後傳授給同學，使同學獲得不少獎項，並找到攝影工作。發叔青年時沒唸完中學，看説明書有困難，何謂「光圈」和「快門」都搞不懂，常常流連攝影器材店想向店員查詢。店員以為他想「玩嘢」，對他冷言冷語。發叔謙卑地解釋：「我唔識字。」店員說：「你唔識字，就唔好學。」經過一番忍氣吞聲的折騰，發叔才解決了一次學習過程的障礙。

每個年輕人心底都有一份認同感的渴求，希望得到感染和感召，獲得讚許，建立身分認同，只是他們在生活中能看到的「身教」榜樣不多。發叔最吸引人的美德是他視學生如同弟妹，諄諄教誨，言行身教，亦師亦友，是生命教育的活生生例子。發叔由昔日的邊緣青年，走出一條充滿感恩的成長路，甘心回來服侍弟兄（學生），謙卑克己，以莊敬自強的態度不斷學習，很多同學喜歡親近他，他也成為不少學生的生命師父。

我像個壞人

「……鬍鬚、濃眉、大眼，這是我對陳兆焯校長的第一個感覺，憑印象來說，他……像個……壞人……但他為人很開心，從來不會被打倒似的。不知不覺間，你也會被他感染。回想十二年前我入村（正生）的第一天，被他纏着談了四、五小時，心想，這人是誰，為何纏我這麼久？但我當時沒有發脾氣，而且很享受這場訓話……後來便是感動……很難想像一個相識才數個月的男人，當我與他分享家中的悲慘故事時，他會哭出來。他是個開放的人，無論教學、帶球隊或做人都充滿活力，正配合我們這一代年輕人。

「記得有一次跟他走到街上，迎面有個派傳單的人，毫不客氣把傳單硬塞過來。換了以前的我，一定會一手將他推倒，斥責他阻路，這條路是我的！校長怎樣面對呢？他伸出手來，帶着友善的笑容，說：『我不要了。』此時我才知道，原來拒絕可以用這種方式表達，不需要使用拳頭。今天我跟朋友說，『我是正生出來的，校長和師長就是我的家人』……」這是一位舊生 Philip 的回憶。

今時今日我們不容易稱「街外人」為家人，但當學生把學校的老師視為家人，代表我們與他們是親近的人。

有次一名學生用電腦剪片，因不懂電腦程式上的英文指示，把百多小時非常珍貴的影像記錄刪掉了。我當然感到憤怒，但這也是我學習饒恕的時候，並藉這機會向學生解釋何謂饒恕的精神。我們慣用認知的方式去認識何謂謙卑、愛心、忍耐等特質，學生只覺空泛，未必領會是什麼，他們必須經歷了才能學會和體會。這就是我們選擇與學生一起生活的原因。

海盜式團結

美國神學教授 Dr. Russell West 一次來探望我校，形容正生老師為「海盜式團結」，這也是喬布斯最初研發掌上電腦時的團隊概念。

從軍事訓練來說，海盜和軍隊不同，軍隊「搶灘」時，自我完全消失，只聽上級「命令」，有人甚至甘於做「炮灰」！海盜厲害之處在於人數不多，各自身懷絕技。當海盜「搶船」時，一窩蜂全力以赴，攀高爬低，各施各法，看來好像完全獨立行事，不理別人，事實上每個人都有能力保護自己，一起達成共同目標。當有危險發生時，各人又會連結起來，合力應付。

這種各自發揮個別專才的情況，可以舉一個例子：教通識科的楊敬賢老師。2001 年他在英國唸藥物學畢業，回港大進修碩士和教學研究，從事中藥研發，五年後進醫管局做行政工作。一年多後，楊老師的太太剛誕下兒子，夫婦探訪正生兩次後，楊老師毅然放下「鐵飯碗」，在 2008 年 1 月加入正生，跟同學一起生活了三年半。今天的他愈教愈起勁，他說進了正生後生活更開心。

為什麼學校不好好發揮一位藥物學專才，例如開發新課程，如化學、生物，讓畢業生更多出路，可報考醫療、護理、保健等課程（確有同學為此感到失望）？說來很無奈，正生雖有七成老師出身理科，包括本人，但因為欠缺了一個合規格的「校舍」（理科需有設備完善、安全、寬敞的實驗室，才能從事物理、化學、生物、家政、金工、木工、機械……的教學），我們辦不到理科（今天正生只能辦文科、商科、實用電腦）！不過，我們的老師，包括楊老師，並沒有感到在本校無用武之地，相反，每一位老師都把本科教到最好，致使外界對同學的通識水平評價甚高。這就是各人發揮自己的功用，一起完成教育的理想。

但願一覺到天明

曾有教育學院的受訓老師向我表示喜愛正生同學，因為遇過很多學生對教師不瞅不睬，正生同學卻會自動打招呼，很有禮貌。

農曆年初三是正生書院的感恩崇拜和開放日，院舍完全向外界展露，公開而透明，訪客可自由與學生攀談，很多賓客也認為正生學生「聽話」、有秩序、有紀律。

美好的羣體形象只展示了寄宿生活的一面。每逢大時大節或開放日後，學生回復平常生活，情緒很可能會波動一番。有些想打聽外界情況，例如想知道將來有沒有前途出路、能不能找到好工作、能不能升學等等……學生情緒不穩更會做出破壞性事情，以作宣泄。因此為了每次的開放日，同工都要比平時做加倍工作。

情緒不穩是戒毒者和邊青的最大毛病，是毒品破壞腦部和長期生活放蕩的後果，心結問題、情結問題，都不能用嚴明軍紀解決，惟有灌注更多愛心、關注和開解。

霞澗男生宿舍有男生八十多位，分住兩個宿舍，一在山頂，一在山腳，值班男同工通常只有兩三位，分別住在山頂和山腳；此外，山腰的辦公室、電腦室也要有人看守，恐防非法入境者闖入。做過懲教的人才了解，一個導師要看守三四十名男生，把大門鎖上，十時關燈，六時開燈，確保一覺睡到天明，實在不容易。每晚睡前，同工都要做很多工夫維持秩序，數點人數，確保人人上了廁所，在宿舍放尿桶，留意各人衣物、被鋪是否足夠……若學生不夠「乖」、不合作、不自律，導師縱有三頭六臂也難應付，若半夜有人不適，便要報警召救護船，陪進醫院，「冇覺好瞓」。

對都市人來說，偶一為之的勞動、冷水浴、硬板牀、簡樸生活甚具挑戰性，正生的教職員、社工和舍監每週值班數天，跟學生在同一個住宿過夜，並不好受。值班不是度假，需要分分秒秒將心思投放在學生身上，是一種滴水不漏的關懷。在正生當老師需要二十四小時與學生共同生活，以保持全天候心靈開放的接觸。正是如此，學生才會在羣體生活中找到學習的模範。

最難受的時刻

有人問我，教學多年來最難受的是什麼？我回答，看見學生放棄自己！有些學生清楚知道什麼事情是對的，什麼事情對自己有益，仍然「選擇」放棄。為什麼？按我的經驗，人「心」是最難控制的，正如《聖經》對人性的慨歎：「我們都如羊走迷，各人偏行己路。」(〈以賽亞書〉53:6) 看見這些情況，心中會很難受、很痛苦。

戒毒工作有句話叫「跑山」，是指未滿期的戒毒者「偷走」。戒毒中心一般位於荒郊野外，逃跑者需要攀山越嶺。學生都知道「跑山」只有一個結局——被警方通緝，不久便被關進監獄，前途盡毀，但他們仍然一意孤行。為什麼呢？有時為賭氣，有時是不滿意膳食，有時因為情緒低落，有時是承受不了學習上的一點挫敗……這種種現象是因為他們的「心」完全受困於狹小的「自我」天地，活在無望、沉悶、漫無目的之中，不去感受關愛，得不到成就感，看不見自己的將來。

有次一個逃走的學生來信，表示自己後悔出去，希望老師來監獄看看他。進正生的老師最不適應的，是面對有「問題」的學生時束手無策，老師以為他們放下一切來教學，學生理應感激。但學生就是不領情，這時老師只能學習以服侍的心態看學生，珍惜這段關係。面對教學困難、學生放棄、鬧着要走時，老師要學習的可能就是放手，接納自己盡力以後，學生仍有選擇離開的可能。

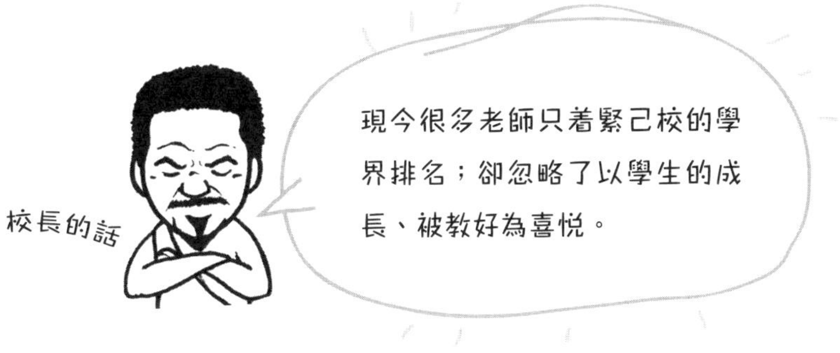

校長的話

現今很多老師只着緊己校的學界排名；卻忽略了以學生的成長、被教好為喜悅。

專案教室

美國有一種稱為 home-room teaching（或可譯作專案教室）的教學法，在香港並不流行，我們卻把它引入了正生書院，用於中三或以下的中文、英文、數學、電腦科。專案教室與傳統按程度分班上課不同，並不以學校的制度為本，也不以教師的編制或教程為本，更不會以課本為本，而是完全以「學生」的程度和需要為本，老師根據不同級別學生的水平，個別施教。

以中文科為例，在「中文角」會存放科目的教材資源，上課時有一兩位老師駐守。同一時間，可能有數位不同級別的學生在這裏學習，老師個別地施教，也靈活地遷就他們的上課時段。

這種彈性安排是要配合學生的情況，由於有些學生情緒不穩（羣育學校常見現象），呆在教室聽書的效果一定不佳。原因之二是學生的寄宿生活需要兼顧很多事情，如清理院舍、工種訓練、體力勞動，假如學生剛剛完成一些體能工作，很難專注上課。原因之三是學生水平差別大，有人用很短時間便能學完一組教材，有些需要重複學習，這安排可以容許不同學生有不同進度。

我們的社會看重規矩，要清晰、管理、分工，但我校容許多元化、重疊、混亂、不穩定。學生和老師不過是人，人自然有很多差異，老師要學習適應他們，回應他們的需要。我在教育學院時聽到一句話：「老師是 zoo keeper（動物園管理員）」，基本工作是每天從八時到三時，牢牢地「看」着一羣人，否則他們在外面的破壞力不堪設想！我相信香港的老師不是動物園管理員，正生老師也不是走進牢籠的「馴獸師」—— 這要求很高的技巧，但不是人本的教育。我們視學生為一個人，以看待人的方式看待他們。

找錯處

我年輕時留學加拿大，有一次考試不夠時間完成試卷，老師竟給我額外時間完成。我初時感到對其他同學不公平，但老師的意思是不必我答得快，只想知道我是否學懂了。有一次考試不及格，老師找我，不是問為何結果如此，而是關心我是否不明白試卷的題目，是老師的題目擬得不好嗎？老師不但關心我的學業，甚至會接我回家吃飯，把我當作親人看待。

每個老師每天都要批改功課，評核學生的成績。在批閱中，我們或會不自覺地查找學生的錯處，然後扣分，較少會尋察每個錯處背後，可能隱含一些特別意義。

身為老師，不單要知道學生是對或錯，也要嘗試了解原因。我們不怕讓學生犯錯，這絕非放任或放棄，我們只想找出個別學生的強處和弱點，因材施教，給予他們人性化的輔導。學生做對了一道算術題，背後可能有很多不清楚的原因，例如：瞎猜中了、正確理解所以做對了、錯誤理解但答中了，諸如此類。即使學生答錯題，他可能壓根兒理解正確，只是用錯方法而已。

多年前有一位中三學生，連加減數都做錯，表面看是不夠水平。可是在批改功課中，很奇怪，我發現他只在處理 9 和 2 時才會犯錯，處理其他習題則沒有錯。9 加 2，對他可能是 10，或是 12，他永遠不會寫成 11。明顯地，他在閱讀和思路上出現某些障礙，並非水平不夠，背後原因不明。我只好教他，以後每次看到 9 和 2 都要加倍小心，稍停下來，慢慢計算，問題便解決了。

更重要的是，此後我和這位學生的關係慢慢建立起來了。犯錯只是問題的表象，教育工作者更應該留意表象背後的真相，這才對學生的成長有所幫助。教學之目的，是老師學習將學生看待成一個人，視他們如自己的子侄、弟妹一樣，這才是以學生為本的教育精神，也是學習為學生付出的實踐。

不只光
花錢，
更要花
時間

我和兒子

我在正生當籃球隊教練，當然期望兒子也熱愛籃球。他中一時曾加入籃球隊，可惜熱情很快便冷卻。四年後，他突然表示有興趣打籃球，原來是遭朋友譏笑他進不了校隊，便發憤圖強，我巴不得傳授畢生絕學。然而我多次約他練球，他總是多番推搪，或表現得滿不在乎，對我的邀請不置可否。我惟有耐心地約了一次又一次，直到他興來了，願意去練波。但練了一次兩次，以後還會練嗎？我也不可知了。

我們家長看着孩子的表現，有時會很無奈，便容易動氣，於是會出言否定、禁止他，想找簡易方程式來控制他，不想他這樣飄忽隨意。只是人本身就有很多可能性、複雜性，很多變動的元素，家長想簡單直接處理，直達果效，根本不可能。家長要面對孩子成長中的很多未知數，之後的發展更是一片空白，若家長不把心態調校正確，至終會因感到孩子不受控制，便會沒來由拒絕和否定他們。

有時父母老師不過看子女或學生為附屬品，沒有認識他已是一個獨立的個體。有一次我帶客人回家，兒子卻無故躲入房，推說已經洗完澡更衣，不出來了。我當然無名火起，但後來反省，恐怕我帶客人回來，只會告知妻子或傭人預備晚飯，不會事先告訴兒子，我並無將子女當作一個人好好尊重和看待。

我從跟兒子的相處中學會很多，我相信父母總要從與子女的相處中有所學習反省。

優質親子關係

如要數今日社會的青少年問題，恐怕不出六大類：濫藥、暴力、黑社會、偷竊、與未成年少女發生性行為及援交。這些問題給發展蓬勃的香港一記當頭棒喝，不過要應對今日的青少年問題，還是得從父母的成長背景去了解。

香港社會自七、八十年代經濟起飛，造就了八、九十年代的富裕，但是這些成功也使港人普遍喪失了五、六十年代的勇敢堅毅，種下新一代不健康成長的禍根。近年社會漸漸意識到學童身心健康之重要，一改以前望子成龍的觀念，但是本人覺得核心問題仍未觸及，就是有些家長視教育子女為「身外」責任，視教育為一種「商品」，以為只要付出「金錢」，便應分地從別人換得良好的服務，例如：聘用家傭、補習老師，參加課外活動，考進名校，出國升學等。其實子女最大的渴求，根本不是這些東西，只要父母無微不至或不經意地在一些細微處，為子女付出的一點點、「看不上眼」的東西，就是金錢買不到的——時間！

我成長於六十年代的公共屋邨，母親當主婦，又在家中做手作；父親打兩份工，下班後吃過晚飯，晚上九點又上班，直至凌晨三四點才回來，留在家中時間不多。但是我們的親子關係質素是很高的，少年時，父母每天早上帶我們去游泳；我們生日時媽媽會買叉燒慶祝，假期時會帶我們到處逛。父親給我們的，不是金錢、物質、玩耍、享樂……而是他自己，他讓我們進入他整個生活，他的身心都屬於我們，我們知道父親的「忙碌」不是離心，只是愛的表現。

現今父母假期時會留給自己休息或做自己喜歡的事，也有基於父母責任而陪伴子女，但最要緊的還是父母愛上與子女一起生活、一起作息。

「全人」教育

過往香港的教育界多看重畢業後有助覓得高薪厚職的科目，如英文和數理科，輕視中文和通識，結果是五至七年中學只培養出懂得記憶和背誦的學子，對公務沒有承擔，對生活沒有品味，只懂得追求富裕，造成社會發展不平衡。

今天提倡的全人教育，不再單以學科為本，卻走向另一個極端，小學生在週末要犧牲很多家庭生活，上六、七項，甚至更多的課外活動：心珠算、記憶術、演藝潛能、音樂、人際技巧、語意邏輯、陶泥、工藝、芭蕾舞、西洋畫、書法、普通話、跆拳道、少年瑜珈……比以前應付四、五個主科的填鴨式教育更苦，學生此後只會對新鮮事物失去興趣，看學習為苦差。

很多家長處心積慮，在空餘時間為子女安排各種「不同」活動，以為這樣就是「全人」教育，殊不知訓練若只停留在「量」的層面，摸不到教育的實質，就是「質」的問題，全人教育變成一些可望而不可即的空中樓閣。

名義上是「全人」，卻沒有把子女當作人看待，只讓他們為不同的活動疲於奔命。全人教育的根本在於讓子女得到作為「人」的「經驗」的全面發展，以成為「人」作目標，並非不斷增加學習的項目。家長若能每天多花時間與子女一起生活、遊戲、聊天、歷奇、探索、求知、互動、分享，這比什麼課外活動都重要，都更能把子女培育成「人」。

對我來說，用電話短訊與兒子溝通最有效，容許他有回應的空間。

「望」子心態

多數家長從小就對子女懷有某種期「望」，即或不是要他們成為人中之龍、人中之鳳，期望還是有的。這裏不是要否定家長對子女「善意」的期望，不過由於「家長」和「子女」（成長中）是兩個「獨立」的「個體」，任何個體對另一個體的期望，都會為對方構成某種壓力或矛盾，即或輕微，壓力還是有的。不少全心愛子女的家長，從早到晚為子女作各種升學部署、安排課外活動，自己身心俱疲，但有否察覺，子女可能早已感到疲累？

有些家長從小孩牙牙學語開始，便提供「大包圍」式的教育活動，想栽培出一個「超級」嬰兒，不過很可能會弄巧成拙。教育家 John Holt（1923-1985）指出，嬰兒先天都是學習天才（除非先天缺陷），可是家庭和學校在後天的施教不恰當，有機會使孩子淪為庸才。例如正常嬰兒一出生便有「肉慾」（如哺乳）和「心智」（了解外在環境）兩種不同的需要和活動，一般人以為小孩只有肉慾需要，沒有心智活動，或者後者微不足道，這是誤解。小孩對心智活動的渴望比肉慾需求更大。母親在哺乳時都會發現，吃奶的嬰兒是在一種極陶醉的狀態中，其他一切肉慾都暫時壓抑，例如不理會身體一般的不適。如果嬰兒忽然聽到一點奇特聲音，便會立刻停下來去追蹤。

好奇心是創造主賦予人類的能力，孩子的學習本來基於好奇、熱情，知識就是在這些情操下追求得來。但當家長為子女的學習定下很多限期、界線、規矩，會使子女失去學習熱情，削弱他們的好奇心和興趣，阻礙學習，他們就會變得平庸。

成年人意志堅定，疲可忍，累也可忍，小孩子呢？小孩心靈若對某些事物感到疲累，便會產生一種自我保護機制——「關機」，從此對那些東西不感「興趣」，甚至厭倦。君不見有些從小被強迫練琴的小孩長大後不碰樂器，強迫考取好成績的小孩長大後不碰書本嗎？這裏不是主張家長採取放任政策育兒，而是指出家長有時也要調整自己的期望，反思這些期望是為了滿足自己，抑或為子女設想，思考期望背後有否「尊重」子女的獨立人格、性情發展，這對於孩子健康成長很大幫助。

危機青少年

危機，意即有危險，我們每個人都有機會面對危險。

「不會的，校長，你誤會他了！」當校方通知家長，他的子女有違規行為時，家長總會這樣回應。

就我們所知，年輕人吸毒的情況，已不能用數字來表達，只能用「情況普遍」去形容。今天有無數年輕人心存僥倖，天天等着試一試毒品，危險不在有多少人吸毒，而是「潮流興」，人人都對毒品蠢蠢欲動。本校有一位同學十歲開始吸毒，十二歲便已引領了十二位朋友往卡拉 OK，邊唱歌，邊分享 K 仔，作為課外餘興節目。

接觸問題青年十多年後，我發現原來他們都是非常普通的人。在我的教學生涯中，使我留下深刻印象的往往是最乖和最壞的小撮學生，中庸平凡的往往最容易被忽略，但這類學生卻佔大多數。他們最大的危機，是可以往好那邊發展，也可以走向壞的一邊。

報章或電視劇集描述邊青多是染金髮、穿多個耳洞的，其實當他們摘去這些衣飾後，外貌與你我家中的孩子無異，其實每個年輕人都可能面臨危機。

另一個出現危機的原因，就是年輕人有着成人的體形，社會沒有給他們成年人的身分，這對他們造成矛盾和不滿，助長他們的反社會行為。今天，當談及危機青少年（或稱邊緣青少年）時，其實這些危機已在我們周遭發生，只是沒有人察覺到。有時，當他們參與違規行為之前，連他們自己都沒有意識到，原來危機正在他面前。

所以，家長們，別對危機掉以輕心。

百密一「疏」

我們曾在長洲碼頭抽樣訪問了一些家長：「如果子女吸毒，你會怎樣處理？」以下是一些典型答案：「不會吧，這些事我不懂……管牢一點吧。」「……我會揍他一頓！」「那要死了，我會問他：『你不愁金錢、玩樂、吃喝，真不知你在想什麼？』單親的我要討生活，回家要教功課，已經很累了……」

很多家長面對這突如其來的問題，都會顯得不知所措，或一臉茫然，他們做夢也沒想過這「遙不可及」的意外，竟會發生在自己家裏。從統計數字看，原來香港有九成中學正受到「校園濫藥」問題困擾，換句話説，有子女就讀於中學的家庭，他們的孩子有九成機會，在一個看來很安全的地方 —— 學校 —— 接觸到一些成年人終生也沒機會見到的毒品！正因父母沒有心理準備，當問題發生時，他們只感到晴天霹靂，束手無策，一面怪罪子女，一面怪責自己。

家長都意識到讓青少年子女獨留家中是危險的，但要上班，怎麼辦？有些家長會為子女安排緊密的時間表，利用「電話」監察他們的行蹤，不用無線電話便用固網，其實這也未必安全。我校學生曾攝製一套「教育家長」的禁毒片《沒有不可能！》，描述一個富裕家庭的獨生女，美麗、聰明、乖巧、健康，父母雖然忙於做生意，但對女兒的上學、外出、生活、作息瞭如指掌，管理得滴水不漏：父母主動認識女兒的同學；每月定期陪女兒與同學唱卡拉 OK；女兒放學後母親必打電話回家，探問女兒在做什麼，跟什麼人在一起，到哪裏吃飯、吃什麼，母親更會在女兒上完鋼琴課後打電話問老師去留的時間……但是道高一尺，魔高一丈，女兒卻不幸陷於毒品以致失身、援交。青少年能不能抵受誘惑，往往不在成年人所定的計劃是否周全，而是考驗一兩分鐘的「定力」！

吸毒過程由開始至完成只消十五分鐘，家長若只靠通訊工具去保持聯繫，難免百密一「疏」，最終會疏忽於平日與子女間的感情「空隙」，子女失足，父母遺恨！

家長要上學

現代家庭面對教養子女的困難，不懂如何處理，各種教育機構應運而生，例如訓練小朋友的情緒智商、生活技巧、人際技巧等，這類機構所教的並無不妥，只是容易被家長誤用，以為可以借助別的機構「代」自己教育子女。如果一個家庭寧願放棄自己的教育功能，讓別人代勞，即使成功，恐怕也屬僥倖。

我們需要分辨「學校」和「家庭」的功能，無論學校設備多先進，運作多有效率，它只是一所學校，所灌輸的東西無論是知識、技能、學問，基本上是死物。小孩成長需要得到「人格」熏陶，生活感召，最根本和有力的輔助應是來自家庭。不是說學校不能熏陶孩子，而是家庭不應倚賴學校取代自己的角色。

很多家長感謝本校，代他們把子女教好，這雖是事實，但不是合理的事實，我們不會期望香港大部分學校都扮演這種角色。

事實上家長和子女也在不斷成長和改變，家長也要有自我覺醒（self-awareness）和認知，學習成長；又要接受人的成長很多變化，子女有很多未知數。家長如果發覺自己「不懂得」教子女，「上學」的應該是自己，家長先學會怎樣「教」子女，而不是到外面找一所學校替代自己。當今關注親子教育的機構，在設立課程時，施教對象應是家長或準家長，而不是孩子。

父母教訓子女前先要審視自己的內心，避免偏激責怪重了。

每個孩子都出色

突破機構總幹事梁永泰博士的著作《哪個孩子不出色》(2010年),講述作者育有三子,成長後各自生活美滿,在不同專業各擅勝長,這是很多家長夢寐以求的事。作者育兒的價值觀與一般香港家庭不同,他沒有什麼特別教學法,而是持有一套獨特的處事方式。例如父母對孩子不以「支配者」地位自居,望子成「龍」並不是要孩子活出父親心目中的龍形鳳相,而是讓孩子選擇要不要成龍,要不要成鳳,或要成為什麼樣子的龍或鳳;尊重孩子的獨立人格,信任孩子,與他們一起摸索成長道路,就是符合孩子本身的性情、氣質、專長的路。

有人批評香港教育如工廠生產,將小孩逐一「倒模」,複製成不同「專業」的「技術」人員,性格氣質貧乏。其實很多家長也間接或直接參與這項「複製」工程,剝奪孩子「人格」成長的權利,常見例子是家長以各種「活動」填滿孩子的閑暇時段,美其名是「充實」學習,實際上卻「充塞」孩子的心靈空間,孩子變得不會探索自己的定位。

每個家長都會辯稱自己只是想給子女最好，重視子女的獨特性，但不少家長教育子女都是持同一套價值觀：新好過舊、快好過慢、易好過難、靚好過醜，強行將一套簡單的教子方程式套在子女身上，這可能是吸收了社會的城市管理思維，想簡化管理，用捷徑去控制處境。父母刻意忽略子女人格的複雜性，忽視他們成長中的實際情況和需要。家長必須察覺社會如何影響自己，察覺自己持一套怎樣的價值觀，作合理調度，才能讓子女得到一個充足的成長空間。

寄宿學校

2012 年香港開辦了一所高收費寄宿學校 Harrow School，設中小學。前英國首相邱吉爾曾就讀於此校，一年學費可能比四年大學學費更高，並要繳付數百萬元按金。過去香港的寄宿中小學不屬主流，且有兩極化傾向，一是略帶貴族色彩如聖士提反書院，一是予人邊緣化印象的如則仁中心、航海學校、基督教正生書院，以及一些有宗教背景的學校。

社會人士的一般印象是，有問題的學生才要寄宿，普通學生留在家裏。我認為不是這樣，成年人或已忘記自己的成長需要一個過程，叫羣體社化生活（socialization）。人與同輩一起成長才能認識自己，找到自我；人在同輩之上需要有一些模範人物（role model / significant other）如導師、父母兄姊，這些人在孩童的反叛期，藉着一起生活、學習、遊戲的過程，讓孩童逐步從處理人際關係建立起自己的價值觀。這是人在成長路上的真正需要，現有半日、全日制學校較難滿足這種需要，至多只能作單向教授，加上我們很多家庭都是核心家庭，青少年缺少與兄弟姐妹或親人相處。

現今社會的家長重視子女入讀名校，認為子女入讀名校可認識貴族朋友和品性良好的朋友，甚至說出「在名校考最尾也比普通學校考第一要強」的話；如子女有問題，便不停投訴教師、學校。我不認為家長只要付錢，就可將教育責任完全交給寄宿學校。培育下一代，須由家長和學校互相合作才成。家長選擇了一所學校便應支持他們，因為這學校代表了家長自己價值觀的延伸，成為學童的模範，更要協助學校不斷改進，共同承擔培育子女的責任。

「好」父母

身為家長，人人都想做「好父母」(good parent)，可是有教育家指出，無數不稱職的父母都是因為太刻意做「好」父母，例如過分地呵護、栽培子女，卻好心做壞事，變成溺愛和縱容。當然父母的一片好心沒有錯，問題是怎樣才算「好」。前人說，「慈」母（父）多敗兒，這不是說兇巴巴才算好，而是提醒有時父母的善意反會阻礙子女成長。

小孩「人格」成長的條件，是需要有一位人格「健全」的教養者倍伴成長，這人或是父母或是親人。這位教養者並不需要「完美」(父母苛求自己成為完美反累事)，而是心智健全，他需要與小孩在日常生活中建立正常的「互動」關係，互相影響。在健康小孩的心目中，好教養者並不一定需要是個「很好」(very nice）的人，而是一個「不壞」(not bad）的人，因為任何正常人際互動關係都會產生矛盾，雙方都有機會堅持己見，甚至會發脾氣。

真正的好父母大部分時間都會滿足子女的需要，但當孩子的要求不合理，便不要理睬他。成長中的小孩慾望無窮，他不是需要一個完全以自己為中心的照顧者，而是在雙方不同的堅持中，懂得找到中間落墨的平衡點，處理矛盾，這樣孩子才能從中得到人格成長。當然在衝突後，父母也要締造一個美好的環境調和兩者之間的矛盾，然後與子女和好；遇到衝突無法解決時，可以找幫手，如朋友、親人、老師，甚至社工或輔導員等。

你懂你的孩子嗎？

成年人對年輕人看不順眼，慨歎他們「不懂事」，以為他們因經驗淺而作出不智的選擇，小事如貪玩、荒廢學業、貪看電視不做功課，大事如誤交損友、染上惡習、吸煙、吸毒、濫交……。成年人以為年輕人學壞，是因為缺乏正確「資訊」才會作出錯誤「選擇」，所以很多家長將子女走錯路的責任歸咎於別人「誤導」，如損友、傳媒、廣告、社會風氣。

成年人多數會向孩子「講道理」，讓他們知道壞行為的後果，例如，荒廢學業會怎樣、吸毒會怎樣、濫交會怎樣。結果，很多孩子「聽話」並不因「想通了」、「懂事了」，而是「怕嘮嗦」。事實上年輕人犯錯，不會因為不能分辨「好壞」，他們之所以壯起膽子去幹，是因為看到「壞處」背後有更大的「好處」，不過這些好處並非成人世界所認同的，因為年輕人的價值觀與成年人的不同。

年輕人要的不是功名富貴，他們對成年人追求的成功價值觀聽不入耳。事實上，人都是不想寂寞、怕孤單，需要找同伴，網上溝通、社交網站受歡迎，就是因為人可以在其上得着即時反應、面對不認識的人可以訴說心底話、在網上呈現與現實不同的自己。青少年最需要的是「朋輩」認同，他們甚至會為獲得認同而犧牲自己，在他們看來，父母什麼都不准，但朋友卻是無底線的支持！成年人愈是把硬道理塞進年輕人的腦子，他們便愈受不了而反抗。

我們作父母有否了解子女、代入其角色去設想他們的處境，明白他們的感受？

疏離的引力

今天的年輕人並不將毒品「看」成是「毒」，只當作是「潮流興」的玩意，這是朋輩影響的威力，也是文化感染的威力。成長中的年輕人，在心理上，朋輩「認同」比什麼都重要，遠遠超過父母（不了解自己）、師長（有階級距離）、家人（感情疏離）、學業（枯燥乏味）和前途（太遙遠），他們以結伴「玩藥」為獲得自我肯定的最有效方法，也以它為一種非常有真實感的經驗。不同年代的年輕人當然也需要朋輩認同，只是過往的家庭關係較穩定，朋輩拉力往往不及親情的凝聚力。

我問過一位學生，他第一次接觸毒品，只是因為要「應酬一下罷了」！當他不快樂，他的朋友有快樂的祕方，然後向他示範如何「快樂」起來，事情就這樣發生了！別人做，自己也跟着做吧！就是「應酬」這個詞！我們常說，現今的青少年容易受同儕影響。當身處一個自以為安全的環境下，更輕易放膽一試。

上世紀五六十年代，偷食大麻被視為罪大惡極，社會人士必然痛斥譴責。到六七十年代，青少年餘暇聚腳地多只是球場、電影院、桌球室、溜冰場，不軌事情很容易被社會人士監察。八九十年代，他們會花較多時間在電子遊戲機中心、漫畫店、卡拉 OK，與成人能監察的世界愈走愈遠了。踏入本世紀，科技和科網讓年輕人另有天地，孩子留在家中沉迷科網，變成宅男宅女，這是家長最頭痛的事情。誤用科網不但使青少年迷失生命的方向，而且會把他們引進一個與外界隔絕的交際圈子，成人與他們的精神鴻溝愈來愈遠。

當然有家長嘗試在網上與子女交朋友，但我認為子女與父母是永遠做不了朋友，因父母有其立場和底線。父母當然可以試用社交網頁或短訊與子女溝通，但切勿強裝朋友，只要做好父母的角色就夠了。

老師的困惑

香港校園由2009年起開展校園驗毒計劃，有很多出於良好意願的措施，卻成了一廂情願，或隔靴搔癢。然而一般老師和家長對學童吸毒的生態文化陌生，甚至老師普遍以為香港沒有青少年吸毒。

年前，正生書院同學曾自編、自導、自演影片《老師的日記》，從吸毒者的自身經歷出發，講述學生如何施展渾身解數，在校內藏毒、做拆家、吸毒，既能蒙騙師長，又把嚴謹的校規玩弄於股掌。此影片道出一位班主任的困惑，因她發現某位來自富裕家庭，品學兼優的學生竟然吸毒！這事叫她不知所措，頓時破碎了自己多年來的價值觀。看罷影片，有老師表示無法想像香港青少年的改變，有老師開始了解吸毒青少年的動作和反應；有老師醒覺與學生溝通的重要性。後來澳門特區政府更向我們購買此影片的版權，作教材之用。

社會上可能有一種錯覺，以為「吸毒」（或其他學壞方式）的青少年都是來自貧困家庭，成長環境惡劣、家庭破碎、父母教育水平低、從事偏門行業，因物質匱乏而學壞等等。吸毒的年輕人有來自天水圍區，也有就讀國際學校的，甚至曾留學美加的，我們要知道，貧窮、中產或富家子女都一樣有可能學壞。

成年人多從自己的角度，只想到自己為青少年付出了什麼、給予些什麼？就是看不見年輕人真正需要的是什麼？缺乏的是什麼？追求的是什麼？仰慕的是什麼？說到底，今天年輕人的物質生活和福利都獲得充分照顧，但卻得不到「人格」成長的條件，這是誤入歧途的重要原因。

學好三年

吸毒，正如許多反社會行為一樣，是有感染性的。青少年是很容易受感染的階段，最使人頭痛的是良好的感染力很慢，壞的影響卻傳播迅速，這是人類的羣性使然。前人説，「學壞三日，學好三年」，雖然語帶悲觀，卻有其道理。

在學校裏，學生之間好的和壞的相互影響都會發生，因此教育要重視感染的問題。我們的學生在童年時得不到家庭和學校的培育，為填補缺口，時間就是修補的元素。因為好習慣是需要長時間培養的，所以本校訓練平均是三年，我們針對感染問題而定的學習期。

正生的寄宿環境，是一種移民的概念，學生投入另一種生活，的確有助文化改變。這樣全管理的生活方式，是要脱離不良感染。讓學生與舊有的文化脱鈎，融入另一種文化。

我校的師生比例是一比八，每個學生的強項、弱點、性格、脾氣、習慣、嗜好、品德，老師都瞭如指掌。師生關係之接近，有同事曾用通宵便利店的廣告來形容，即是說在二十四小時內，「梗有一位（老師）喺（學生）左近」。學生一年到晚不可外出，但可以在老師陪同和督導下，參加各種活動，如學界比賽，甚至遠赴國內省市和北美洲作文化交流，學習服務別人。

家長要學習平衡管教，容許子女思考、辯證，甚至向他們坦白說「我不知道」。

省、悟、決

本校常常用一個《聖經》故事作教材，啟發學生思考，這就是浪子回家的故事：一個背離了父親的富家子，在外花天酒地，散盡家財，生活沉淪，過着如同乞丐的生活，他在走投無路之際忽然醒覺，決定重回父家，於是獲得接納，回復富家子的身分，得着父親的愛。

如何培養學生的「反省」能力？反省包含三個步驟，一曰「醒」（覺），二曰「悟」（覺悟），三曰「決」（決心），正是浪子故事的教訓。「醒」與「迷」（沉溺）相反，沉溺的心靈狀態是貪、癡、愚、執，所謂執迷不悟，當局者迷，旁人無論多努力指點、相勸，當事人都聽不進去，就像陽光永遠射不進封閉的密室，沉溺者只能永遠沉溺。

這在現實的結果就是各種「病態」生活，嫖賭飲吹，酒色財氣，驕奢淫逸，這種種行為本身沒有對錯的界線，可是一旦形成病態，就會藥石無靈，不是能靠說道理，服藥可以治好的。

有次中文老師在中三一次突擊默書，內容如下：「1. 幸福不在得到的多，而在計較得少。2. 臉上有笑容，心中有愛的人最可愛，就是天使。3. 不往壞處想，聽任何話都是好話。4. 師長的責任，只是教導；實踐的路，必須由學生自己走。5. 改變別人，不如先改變自己。6. 忍一時之氣，免百日之憂。7. 勿以善小而不為，勿以惡小而為之。8. 最幸福的人就是能寬容與悲憫一切人的人。9. 惟其尊重自己的人，才勇於縮小自己。自我愈小愈可愛。10. 一個永保感恩心的人，不易陷入困境。11. 懺悔是心靈的告白，也可以說是精神污染的大掃除。12. 當見到你不喜歡的人，其實是一面鏡子，反映出內心尚有可改變的地方，所以他是使你改變的老師。13. 愈放下，愈快樂。」

默書每個錯字扣一分，並須配詞修改五次，但有不少同學得九十多分，有一位得一百分！讀默這些「做人」道理的文章，是我們在課程內安排的各種機遇，觸動學生的反省能力，像當頭棒喝，一觸即發，但觸發的條件就是時間。

用跑步心態堅持

校園重視羣體生活，表面上孤獨的長跑跟熱鬧的羣體好像不協調。羣體生活也不是一天到晚趁熱鬧的，正生要學生每天都有「安靜」時刻，整理思想，協調感受，但是年輕人不慣枯坐默想，「長跑」可提供一個既不沉悶，身體和心理都得到協調的時段，學生單獨跟自己對話，可以在跑步中想通不少問題。

學生阿儀曾這樣分享：「『人生沒有成功與失敗，只有放棄與不放棄。』這句話是陳兆焯校長教導我們的，對我有很大提醒。我對『跑步』完全提不起勁，因為我是個很容易放棄的人，對這個需要很大堅持的運動，我選擇避之則吉。在進入正生書院之前，每年學校的運動會，我都不會參與。但神很奇妙地讓我學習一個功課：突破自己。記得在一月時，正生老師説學校派我跑學界四百米賽事，聽後我心裏一沉，想退出，但心內有個聲音：『突破』，突破自己不喜歡的事，因此我就抱着姑且一試的想法練習。練跑時，我又很想放棄，但既然參加了，也只好堅持到底。

「比賽當天，我給自己的目標是『跑』完四百米，不要步行。四百米對別人來説可能是很短的路程，但對我來説是很艱辛。到我出賽時，姊妹與同工跟我一起祈禱，緊張的心情才得以舒緩。一聲槍響，我腦海一片空白，只管跑，跑上半場時還有力氣。在下半場，對手拋離自己九個身位，我很想放棄，只好向神祈禱，神給我有力量再跑。最後我到達終點，看見同工和姊妹都有很大的感觸，因為所付出的有結果。結果不是指成績，而是當中所經歷而得着的盼望，以後無論在村中生活，面對社會，都用『跑步的心態』去對待，去堅持。」

我們就是花時間去與青年人建立關係、花時間給學生反省、花時間讓他們去經驗，請家長和老師都不要着急。

教育可有捷徑和祕方嗎？無！
把老師和學生都當人看待吧！